きほんのドリル → 1

ステップ1

わたしたちの県①
日本のようす①

時間 15分　　問 ／　　月　日

JN111076

( ) にあてはまる言葉や数字を、右の ☐ に書きましょう。

- 日本には 1 都 1 道 2 府43県、合わせて(①)の都道府県がある。

- 都道府県はそれぞれ、北海道地方、(②)地方、関東地方、(③)地方、(④)地方、中国・四国地方、(⑤)地方の 7 つの地方に分けられる。

北海道

中国・四国地方　④　③

⑤

②

関東地方

- 都道府県のうち、うしろに「都」がつくのは東京都、「道」がつくのは北海道、「府」がつくのは大阪府と(⑥)府であり、ほかは「県」がつく。

- もっとも面積が大きな都道府県は(⑦)、もっとも小さな都道府県は(⑧)県である。また、日本でもっとも西にあるのは(⑨)県である。

- 祭りや文化財、伝統的(⑩)、食べ物など、それぞれの都道府県には、さまざまな特色がある。

そのほかにも、服や自動車など、機械を使って生産される工業製品にも都道府県ごとの特色が見られるよ！

①	
②	
③	
④	
⑤	
⑥	
⑦	
⑧	
⑨	
⑩	

きほんの
ドリル
→1

ステップ2

時間15分

合かく 80点

/100

月 日

サクッと
こたえ
あわせ

答え 65ページ

わたしたちの県①
日本のようす①

1 地図を見て、次の問いに答えましょう。 　　　　　50点（1つ10点）

(1) 右の地図についてのべた文のうち、正しいものには○を、まちがっているものには×をつけましょう。

① (　　　　) もっとも多くの都道府県と面しているのは長野県である。

② (　　　　) もっとも多くの都道府県があるのは東北地方である。

(2) 次の文中の①～③にあてはまる数字を書きましょう。

> 名前に「山」がつく都道府県は全国に (①　　　　) つ、「川」がつく都道府県は全国に (②　　　　) つ、「島」がつく都道府県は全国に (③　　　　) つある。

（地図キャプション）長野県

2 次の問いに答えましょう。 　　50点（(1)①②完答1つ10点、(2)1つ10点）

(1) 次の図でしめした県の、県名と県庁所在地名を、それぞれ⑦～⑪から選びましょう。

①　　　　②

①県 (　　　　) 県庁所在地 (　　　　)
②県 (　　　　) 県庁所在地 (　　　　)

〈県〉　⑦ 石川県　　⑦ 島根県　　⑦ 群馬県　　⑪ 愛媛県
〈県庁所在地〉　⑦ 前橋市　　⑦ 金沢市　　⑦ 松山市　　⑪ 松江市

(2) 次の文にあてはまる県を、　　からそれぞれ選びましょう。

①九州地方にある県
②中部地方にある県
③海に面していない県

福島県　　福井県　　滋賀県　　佐賀県

① (　　　　　　) ② (　　　　　　) ③ (　　　　　　)

ポイント 都道府県の名前やふくまれている地方だけでなく、形や位置、それぞれの都道府県の県庁所在地名までいっしょに覚えておきましょう。

きほんのドリル →2.

ステップ1

時間 15分

問／10問中

月 日

サクッと
こたえ
あわせ

答え 65ページ

わたしたちの県②
日本のようす②

（　）にあてはまる言葉を、右の□に書きましょう。

● 北海道地方❶にある都道府県は北海道のみである。県庁所在地は（　①　）市である。

● 東北地方❷の東側にあるのが岩手県と宮城県、西側にあるのが秋田県と（　②　）県である。また、北側には青森県、南側には福島県がある。県庁所在地名と県名がことなるのは、岩手県の（　③　）市、宮城県の（　④　）市である。

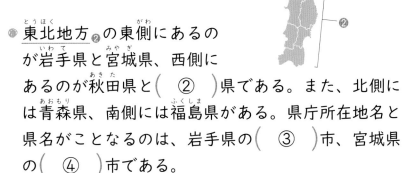

● 関東地方❸で県庁所在地名と県名がことなるのは、（　⑤　）県と、東京都をのぞいて、茨城県の（　⑥　）市、（　⑦　）県の宇都宮市、群馬県の前橋市、埼玉県のさいたま市、神奈川県の横浜市である。

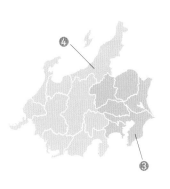

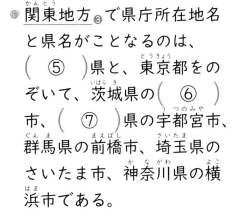

● 中部地方❹にある県のうち、県庁所在地名が県名とことなるのは（　⑧　）県の甲府市、愛知県の（　⑨　）市、（　⑩　）県の金沢市である。

北海道地方から中部地方までを方位であらわして、「東日本」とよぶこともあります。

①	
②	
③	
④	
⑤	
⑥	
⑦	
⑧	
⑨	
⑩	

わたしたちの県②
日本のようす②

1 次の問いに答えましょう。　　　　　　　　　　　　　　50点（1つ10点）

(1) 次の①～③の県と、⑦～⑨の県庁所在地の組み合わせが正しくなるように、線で結びましょう。

①山梨県	●	●	⑦横浜市
②神奈川県	●	●	④盛岡市
③岩手県	●	●	⑨甲府市

(2) 次の文中の①・②にあてはまる県名と数字を書きましょう。

（①　　　　　　　　）県には、日本一長い信濃川が流れていることや、まわりに
海がなく、（②　　　　　　　　）つの県に面していることなどの特ちょうがある。

2 次の問いに答えましょう。　　　　　50点（(1)1つ5点、(2)1つ10点）

(1) 次の⑦～⑩の都や県のうち、中部地方にふくまれる都県を4つ選びましょう。

⑦　茨城県　　④　秋田県　　⑨　群馬県　　⑨　福島県
⑨　長野県　　⑨　東京都　　⑩　新潟県　　⑨　愛知県
⑨　埼玉県　　⑩　岐阜県　　　　　　（　　・　　・　　・　　）

(2) 次の①～③が特産品の県を、　　　からそれぞれ選びましょう。

①　　　　　　②　　　　　　③

青森県　栃木県
静岡県　山梨県

①（　　　　　　　）②（　　　　　　　）③（　　　　　　　）

北海道地方、東北地方、関東地方、中部地方には、都道府県名と都道府県庁所在地の名前が
ちがう都道府県が、全部で11か所あります。しっかり覚えましょう。

3. わたしたちの県③
日本のようす③

（　　）にあてはまる言葉や数字を、右の□に書きましょう。

● 近畿地方❶では（ ① ）県の津市、滋賀県の（ ② ）市、兵庫県の（ ③ ）市と、3つの県で県名と県庁所在地名がことなる。また、滋賀県には日本一大きな湖である（ ④ ）がある。

● 中国・四国地方❷では、（ ⑤ ）県の松江市、愛媛県の（ ⑥ ）市、（ ⑦ ）県の高松市の3つが、県名とことなる県庁所在地名となっている。また、（⑦）県は面積がもっとも小さい都道府県である。

● 九州地方❸には（ ⑧ ）つの県がある。（ ⑨ ）県は日本で一番多くの島をもつ都道府県となっている。また、日本でもっとも西に位置する沖縄県の県庁所在地名は（ ⑩ ）市である。

「東日本」に対して、近畿地方から九州地方までを「西日本」とよぶこともあるよ。

①
②
③
④
⑤
⑥
⑦
⑧
⑨
⑩

わたしたちの県③
日本のようす③

1 次の問いに答えましょう。　　　　　　　50点（(1)1つ5点、(2)1つ10点）

(1) 次の⑦〜⊐の府や県のうち、九州地方にふくまれる府県を4つ選びま
しょう。

⑦ 佐賀県　　⑦ 高知県　　⑦ 山口県　　⑤ 宮崎県
⑦ 大阪府　　⑦ 福岡県　　④ 京都府　　⑦ 広島県
⑦ 熊本県　　⊐ 奈良県　　　　　　　（　・　・　・　）

(2) 次の①〜③が特産品になっている県を、　　　からそれぞれ選びましょ
う。

① 　　② 　　③

岡山県	香川県
大分県	和歌山県

①（　　　　　） ②（　　　　　） ③（　　　　　）

2 次の①〜⑤の特色をもつ都道府県を、　　からそれぞれ選びましょう。

50点（1つ10点）

①阿波おどりや、すだちの生産がさかんなことで知られる四国地方の県。
②伊勢えびの水あげや、しんじゅの養しょくがさかんである近畿地方の県。
③日本海側に面していて、砂丘があることで知られる中国地方の県。
④さつまいもの生産がさかんなことで知られる、九州地方の南側にある県。
⑤日本海と瀬戸内海の2つの海に面している近畿地方の県で、淡路島
　もこの県にふくまれている。

鹿児島県　　鳥取県　　兵庫県　　三重県　　徳島県

①（　　　　　） ②（　　　　　） ③（　　　　　）
④（　　　　　） ⑤（　　　　　）

 中国地方と四国地方には島根県松江市、香川県高松市、愛媛県松山市と「松」のつく県庁所
在地が3つあります。しっかり区別しておきましょう。

きほんの
ドリル
→4。

ステップ1

わたしたちの県④

時間 15分

問／9問中

月　　日

サクッと
こたえ
あわせ

答え 65ページ

県のようす①

(＿)にあてはまる言葉や数字を、右の□に書きましょう。

◉ 土地の高低やかたむきなど、土地の形をあらわした
ものを(①)という。高い土地が集まっている
(①)を(②)、海に面した低く平らな土地を
(③)という。

◉ 右の図で、同じ高さ
の土地を結んでいる
(④)は、
(⑤)mおきに線
が引かれ、(④)の間
かくがせまいと土地
のかたむきが
(⑥)で、広いと
かたむきが(⑦)
である。

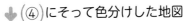

↓(④)にそって色分けした地図

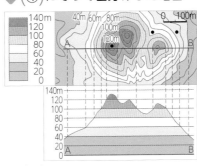

↑(④)の中のA－Bの線にそって
切り、横から見た図

◉ 地いきの土地の使わ
れ方をあらわした地
図を(⑧)図とい
う。

工場や住宅・商店
田　畑
果樹園
茶畑
森林
そのほか
---県のさかい

◉ 福岡県でもっとも多
く広がっているのは
(⑨)である。

↑福岡県の(⑧)図

土地の高さによって、土地利
用のしかたがちがうんだね！

①	
②	
③	
④	
⑤	
⑥	
⑦	
⑧	
⑨	

わたしたちの県④
県のようす①

1 右の図を見て、次の問いに答えましょう。　40点（1つ10点）

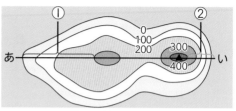

(1) ①・②の土地のかたむきをさす言葉をそれぞれ選んで ◯ をつけましょう。

①（ ゆるやか ・ 急 ）
②（ ゆるやか ・ 急 ）

(2) 山のちょう上の高さはおよそ何mですか。次の⑦～⑨から選びましょう。
およそ（　　　）

⑦ 200〜300m　　⑦ 300〜400m　　⑨ 400〜500m

(3) あ―いの線で切りとり、横から見た図にあてはまるものを、次の⑦～
⑦から選びましょう。　（　　　）

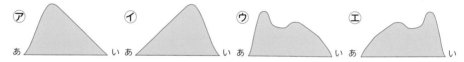

2 次の問いに答えましょう。　60点（1つ15点）

(1) 土地の使われ方を表した地図を何といいますか。次の⑦～⑦から選び
ましょう。　（　　　）

⑦ 白地図　　⑦ 土地利用図　　⑨ 断面図　　⑦ 地勢図

(2) 次の地図から読み取れることとして、正しいものには◯を、まちがっているものには×をつけましょう。

①（　　　）工場や住宅、商店は県の東側に多く広がっている。

②（　　　）果樹園がもっとも広がっているのは、県の南側である。

③（　　　）県の北側には、田がまったく広がっていない。

↑福岡県のおもな(1)

地図を見るときは「はんれい」とよばれる、その地図でのやくそくをかくにんします。上の地図では、色分けの内容をかくにんしましょう。

きほんの
ドリル
5.

ステップ1

⏱時間 15分

問／8問中

サクッと
こたえ
あわせ

月　　日

答え 66ページ

わたしたちの県⑤
県のようす②

（　　）にあてはまる言葉を、右の□に書きましょう。

◉ 都道府県はいくつもの市町村で成り立っている。各都道府県の政治をおこなう県庁（都庁、府庁、道庁）がある都市を（　①　）という。

◉ 交通はわたしたち（　②　）やものを運ぶための大切な働きをしている。

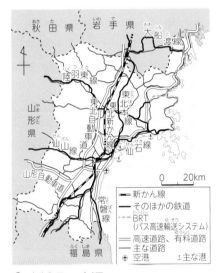

↑宮城県の交通

◉ 宮城県の地図を見ると、南北に東北（　③　）道や東北新かん線が通っている。

◉ 南北以外にも、東西の山側や海側に一般の道路よりも速く車を走らせることができる（　④　）道路や、電車で人や物を運ぶ（　⑤　）が広がっている。

◉ 道路や（⑤）は、（①）などがある主な（　⑥　）を結ぶように通っていて、（②）が多いところに集まっている。

◉ 飛行機の発着地となる（　⑦　）や、船がていはくする（　⑧　）から、遠くの地いきに行くことができ、外国ともつながっている。

①
②
③
④
⑤
⑥
⑦
⑧

ほかの都道府県だけじゃなくて、世界の国々ともつながっているんだね！

9

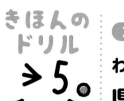

きほんの
ドリル
→5。

ステップ2

時間 15分	合かく 80点	/100

月　　日

わたしたちの県⑤
県のようす②

1 次の問いに答えましょう。　　　　　100点((1)(3)1つ7点、(2)1つ9点)

(1) 地図中の①〜④のそれぞれの交通のようすを表した絵を⑦〜①から選び、それぞれの名前にあてはまるものを、あとの　　から選びましょう。

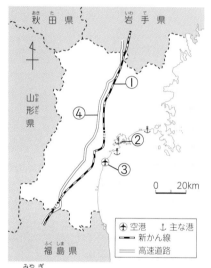

↑宮城県の主な道路と鉄道の広がり

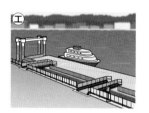

空港　　港　　新かん線　　高速道路

①　記号(　　　)　名前(　　　　　　　)
②　記号(　　　)　名前(　　　　　　　)
③　記号(　　　)　名前(　　　　　　　)
④　記号(　　　)　名前(　　　　　　　)

(2) 宮城県の県庁所在地の名前を書きましょう。　(　　　　　　　　)

(3) 交通について説明した次の文のうち、正しいものには○を、まちがっているものには×をつけましょう。

⑦(　　)人が多く集まる都市には、鉄道や道路が集まっている。
①(　　)どの都道府県にも、必ず新かん線が通っている。
⑦(　　)人やものは外国には運ばれない。
①(　　)地いきによっては港がないところもある。
⑦(　　)鉄道や道路は、都道府県のどの地いきでも同じように発達している。

　県庁所在地はその県の政治の中心であるため、移動が便利になるよう、多くの交通機関が集まります。また、多くの交通機関が通る地いきには、多くの人が集まりやすいです。

わたしたちの県⑥
県のようす③

（　　）にあてはまる言葉を、右の□に書きましょう。

◎ 社会をささえる産業には、さまざまな種類がある。
・野菜や果物などをつくる（　①　）業
・魚などを水あげする（　②　）業
・紙や木材などにするための木を切り出す（　③　）業
・機械など、ものをつくる（　④　）業
・自然や温泉などを生かした観光業　など。

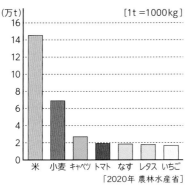
↑福岡県で生産されている主な農作物

↑福岡県の主な（④）業せい品

◎ 福岡県の筑紫（　⑤　）とよばれる、山地にたいして、低く平らな土地では、（①）業がさかんである。

◎ 福岡県でもっとも多く生産されている農作物は（　⑥　）である。

◎ 北九州市は（　⑦　）に面していて、（　⑧　）で大量の原料やせい品を運ぶのに便利なため、大きくて重い（　⑨　）せい品が多く生産されている。

| ① |
| ② |
| ③ |
| ④ |
| ⑤ |
| ⑥ |
| ⑦ |
| ⑧ |
| ⑨ |

それぞれの都道府県は、地形や自然に合ったものをつくっているよ！

11

答え 66ページ

わたしたちの県⑥
県のようす③

1 次の問いに答えましょう。　　　50点（1つ10点）

(1) 農業、水産業、工業など社会をささえるさまざまな仕事をまとめて何といいますか。（　　　　　）

(2) 文中の①～④にあてはまる言葉を、あとの　　からそれぞれ選びましょう。

　農業がさかんなところは、その地いきの平野や山といった（① 　　　　）や、気温の高低や雨の量などの（② 　　　　）にあった農作物をつくる。工業がさかんなところは、土地が（③ 　　　　）、原料やせい品を運ぶのに（④ 　　　　）の便がよいところにつくられることが多い。

気候　　広く　　せまく　　交通　　地形

2 右の福岡県の地図を見て、次の問いに答えましょう。　50点（1つ10点）

(1) 次の文にあてはまる言葉を◯でかこみましょう。

　福岡県の①{ 平野 ・ 山地 }では、米や野菜の生産がさかんである。また、県が②{ 2 ・ 4 }つの海に面していることから③{ 商業 ・ 水産業 }もさかんで、④{ 有明海 ・ 玄界灘 }では多くの海産物がとれる。

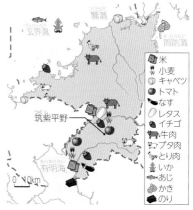

↑福岡県の主な農産物や海産物と、その産地

(2) 福岡県では、どの地いきを中心に農業がさかんですか。四方位で答えましょう。

県の（　　　　）側

 同じ農業であっても、米、野菜、果物では、つくりやすい場所がそれぞれちがいます。

12

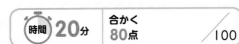

まとめのドリル

7. わたしたちの県①〜⑥

時間 20分　合かく 80点　/100　月　日

答え 66ページ

1 右の地図を見て、次の①〜⑤の特色をもつ都道府県をそれぞれ書きましょう。

25点（1つ5点）

①カステラや「くんち」という祭りなどで知られる。（　　　　　）

②「今治タオル」という工芸品などで知られる。（　　　　　）

③歴史的な農村の建物が残る「白川郷」などで知られる。（　　　　　）

④「水戸納豆」などの食べ物で知られる。（　　　　　）

⑤「さっぽろ雪まつり」などで知られる。（　　　　　）

2 右の地図を見て、次の文を読み、正しいものには○を、まちがっているものには×をつけましょう。

25点（1つ5点）

①（　　）南東にむかって標高が低くなっている。

②（　　）住宅地は標高が低い平野に多い。

③（　　）平野と山地の間に神社がある。

④（　　）畑や果樹園は主に平地にある。

⑤（　　）田は380〜420m未満の土地だけに広がっている。

凡例
300m〜340m未満
340m〜380m未満
380m〜420m未満
420m〜460m未満
460m〜500m未満
500m〜
住宅地

↓ うらのページに続くよ！

(1) 次の文中の①・②にあて
　はまる言葉を書きましょう。

> 秋田県には25の
> （①　　　　　　　　　　）
> があり、その中でも秋田市
> が県の政治をになう
> （②　　　　　　　　　　）
> となっている。

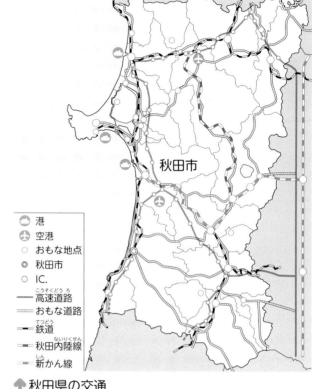

港
空港
おもな地点
◎ 秋田市
○ IC.
━━ 高速道路
┅┅ おもな道路
━━ 鉄道
━━ 秋田内陸線
━━ 新かん線

↑秋田県の交通

(2) 秋田県の交通について、
　①〜④のうち、正しいもの
　を2つ選びましょう。
　①空港と港はそれぞれ2
　　か所ずつある。
　②となりの県に移動する方
　　法は、新かん線のみである。
　③秋田市とその周辺にはさまざまな交通機関が集まっている。
　④東西に通る道路が南北より少ない。　　　（　　　・　　　）

4 次の文中の①〜⑥にあてはまる言葉を、⑦〜⑰から選びましょう。

30点（1つ5点）

> 【秋田県の産業について】
> ・秋田県をふくむ（①　　　　　　）地方は米の生産がさかんであり、米を使った
> 　秋田県の伝統的な料理として（②　　　　　）が知られている。
> ・（③　　　　　）がさかんで、「秋田杉」という良い木材がとれる。木材を生か
> 　した「曲げわっぱ」という伝統的（④　　　　　）が有名である。
> ・電子部品などをつくる（⑤　　　　　）もさかんであり、つくられた部品は
> 　（⑥　　　　　）でほかの都道府県へ運ばれる。

⑦　林業　　⑦　高速道路　　⑦　きりたんぽ　　⑦　工芸品
⑦　東北　　⑦　工業

きほんの
ドリル
→8。
ステップ1
時間 15分
問／9問中
月　日
サクッと
こたえ
あわせ
答え 66ページ

健康なくらしを守る①
水はどこから①

( )にあてはまる言葉や数字を、右の□に書きましょう。

◉ わたしたちの生活や産業をささえる、大切なものの
ことを(①)といい、水も(①)の一つである。

◉ たて、よこ、高さがそれぞれ(②)mの容器に入
る量を1㎥((③)メートル)という。

◉ (④)は、川の水をたくわえたり、市街地へ流れ
る水の量を調節したりするしせつで、(⑤)は川
から取りこんだ水をきれいにして、安全に飲むこと
ができる水にするしせつである。

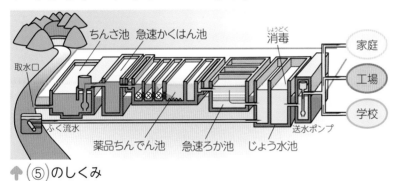

ちんさ池　急速かくはん池　消毒　家庭　工場　学校
取水口　ふく流水　薬品ちんでん池　急速ろか池　じょう水池　送水ポンプ

↑(⑤)のしくみ

◉ (⑤)では、取水口から取り入れた水は、まざりもの
をしずめる(⑥)や砂のそうでにごりを取りのぞ
く(⑦)、(⑧)で消毒されてきれいになり、
学校や家庭などに送られる。

◉ (⑤)では安全な水をとどけるため、毎日(⑨)け
んさをしたり、せつ
びの動きを見守った
りしている。

水は、わたしたちのもとにとどくまで
に、こんなにたくさんのしせつを通っ
てきているんだね！

①
②
③
④
⑤
⑥
⑦
⑧
⑨

ステップ2

健康なくらしを守る①

水はどこから①

1 グラフを見て、次の問いに答えましょう。　20点（1つ10点）

(1) 2020年の水道使用量を答えましょう。　（　　　　　　　　）万㎥

(2) 水道使用量の変化と人口の変化
の関係について、あてはまる言葉
に ◯ をつけましょう。

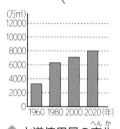
↑水道使用量の変化

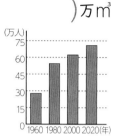
↑人口の変化

> 人口がふえるにしたがって、水道使
> 用量も｛　ふえて　・　へって　｝いる。

2 次の問いに答えましょう。　80点（1つ10点）

(1) ①～④の作業が行われるしせつを、図中の⑦～⑦から選びましょう。

① きれいになった水をためておく。　（　　　）

② 砂のそうを通してよごれを取りのぞく。　（　　　）

③ あらいごみや砂をしずめる。　（　　　）

④ よごれの固まりをしずめる。　（　　　）

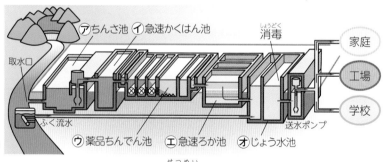

じょう水場のしくみ➡

(2) 次の①～④の文を読み、じょう水場の説明として正しいものには◯を、
まちがっているものには×をつけましょう。

①（　　　）水が安全かどうか、毎日水質けんさをする。

②（　　　）水道に使われる川の水の量を調節している。

③（　　　）水を運ぶ水道管のけんさや修理を行う。

④（　　　）毎日24時間体制で、コンピューターで管理している。

> **ポイント** じょう水場のさまざまなせつびを使って水をきれいにしたあと、目に見えない有害物質がな
> いかなどのけんさをして、安全な水がとどけられます。

健康なくらしを守る②

水はどこから②

( )にあてはまる言葉を、右の□に書きましょう。

● 川の水をためて、川の水の量を調節するしせつをダムといい、ためた水は（ ① ）発電にも利用される。

● 日本の川の上流にはゆたかな森林があり、わたしたちの使う水を生み出す（ ② ）となっている。

● 森林に（ ③ ）がふると、およそ半分の水が（ ④ ）としてたくわえられる。森林は土砂くずれなどを防いだり、ふった（③）をたくわえたりするため、緑の（ ⑤ ）とよばれる。

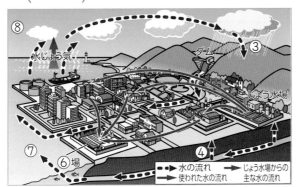

↑水のじゅんかんのしくみ

● わたしたちが使った水は、（ ⑥ ）場できれいにされ、川や（ ⑦ ）に流される。川や（⑦）からじょう発した水が（ ⑧ ）をつくり、ふたたび森林に（③）がふり、水はじゅんかんしている。

水をたいせつに使うのはもちろんのこと、ゆたかな森林もたいせつに守っていかなければいけないね。

①
②
③
④
⑤
⑥
⑦
⑧

きほんの
ドリル
→9.

ステップ2

健康なくらしを守る②
水はどこから②

時間 15分 ／ 合かく 80点 ／100

月　日

サクッと
こたえ
あわせ

答え 67ページ

1 次の問いに答えましょう。　　　　　　　　　　　70点（1つ10点）

(1) 次の①〜④の文を読み、森林のやくわりとして正しいものには○を、まちがっているものには×をつけましょう。

① (　　　) 雨水を安全な飲み水にかえる。

② (　　　) 雨がふると、およそ半分の水を地下水としてたくわえる。

③ (　　　) 水不足になったときに、川に流れる水の量をふやす。

④ (　　　) 雨がふったときに、土が市街地へ流れ出すことをふせぐ。

(2) 次の①〜③の言葉と、⑦〜⑰の説明の組み合わせが正しくなるように、線で結びましょう。

①水源 ●	● ⑦生活や産業をささえるもの
②緑のダム ●	● ⑰水を生み出すものやところ
③資源 ●	● ⑰水をたくわえるところ

2 次の文中の①〜③にあてはまる言葉を、あとの　　　からそれぞれ選びましょう。　　　　　　　　　　　30点（1つ10点）

　海の水が（①　　　　　　　）となって雨雲をつくり、やがて雨となって森林にふる。森林にたくわえられた水は川になって流れる。

　川から取りこんだ水は（②　　　　　　　）できれいにされ、水道管を通ってわたしたちの家や学校、工場に運ばれる。そこで使われた水は、下水しょり場できれいにされたあと、海へと流され、ふたたび（①）となる。このくりかえしを、水の（③　　　　　　　）という。

じゅんかん　　ダム　　水じょう気　　じょう水場

　雨が大量にふったとき、森林は多くの雨水をたくわえ、下流に広がる市街地に水がおしよせることや、水のいきおいで土が流され、地面がくずれることをふせぎます。

きほんの ドリル 10。  ステップ1 時間 15分　問／10問中

月　日

サクッと こたえ あわせ

答え 67ページ

健康なくらしを守る③
電気やガスの利用

(）にあてはまる言葉を、右の□に書きましょう。

● 電気は（ ① ）でつくられる。送電線を通じて（ ② ）へと送られ、家庭や工場で使えるように変えられている。

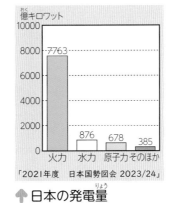

億キロワット

「2021年度　日本国勢図会 2023/24」
⬆日本の発電量

● 発電の方法にはいくつか種類があり、日本の発電の中心は（ ③ ）発電である。（③）発電は地球温暖化の原因の一つとされている、（ ④ ）を多く出す。

● ウラン燃料を使った（ ⑤ ）発電のほか、水が流れる力を利用する水力発電をはじめ、自然の力を利用する（ ⑥ ）エネルギーを使った発電方法がある。（⑥）エネルギーは（④）をほとんど出さず、資源がなくならないなどの利点がある。

● ガスには天然ガスが原料の（ ⑦ ）と、プロパンガスが原料の（ ⑧ ）がある。どちらも無色で、（ ⑨ ）はないがガスもれに気づくように（⑨）がつけられている。

● 天然ガスは気体であるが、液体の（ ⑩ ）にすることで体積を小さくし、運びやすくしている。

火を起こすための燃料は、主に石炭や石油、天然ガスなどです。

①
②
③
④
⑤
⑥
⑦
⑧
⑨
⑩

ステップ2

健康なくらしを守る③
電気やガスの利用

時間 15分　合かく 80点　/100

月　日

サクッと
こたえ
あわせ

答え 67ページ

---

1 次の問いに答えましょう。　　　　　60点（1つ10点）

(1) 次の①〜③の発電方法と、㋐〜㋒の説明の組み合わせが正しくなるように、線で結びましょう。

①火力発電　　●

②水力発電　　●

③原子力発電　　●

●　㋐ウラン燃料を使う。事故が起きると長く大きなひがいになる。

●　㋑水が流れる力を利用して発電する。二酸化炭素をほぼ出さない。

●　㋒燃料を輸入にたよっていて、二酸化炭素を多く出す。

(2) 次の①〜③の発電は何をエネルギーとしていますか。㋐〜㋓からそれぞれ選びましょう。

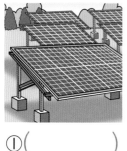　　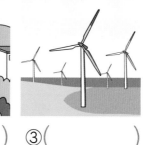

㋐　地熱
㋑　バイオマス
㋒　風力
㋓　太陽光

①(　　　　　)　②(　　　　　)　③(　　　　　)

---

2 次の①〜④のうち、都市ガスにあてはまるものには㋐を、LPガスにあてはまるものには㋑をそれぞれ書きましょう。　　40点（1つ10点）

①(　　　　　)ガスボンベに入れて運ぶため、遠くまでとどけられる。
②(　　　　　)ガス管の通っている地いきにのみとどけられる。
③(　　　　　)空気より軽く、ガスもれけいほう器が天井などにつけられる。
④(　　　　　)空気より重く、ガスもれけいほう器が床の近くにつけられる。

ポイント　バイオマス発電は、木のくずやもえるごみなどをもやすときの熱を利用した発電です。
都市ガスは、住んでいる地いきによっては利用できないこともあります。

健康(けんこう)なくらしを守る④
ごみはどこへ①

（　）にあてはまる言葉を、右の□に書きましょう。

◉ ごみは種類(しゅるい)ごとに（　①　）し、決められた日時と場所にすてる。（　②　）されたごみは、（②）車で（　③　）工場やリサイクルプラザへ運ばれる。

もえるごみ

もえないごみ

資源ごみ

◉ もえるごみは（③）工場に運ばれ、（　④　）でもやされて灰(はい)になる。ごみをもやすときに出た熱(ねつ)は（　⑤　）に利用される。（③）の機械(きかい)はすべて（　⑥　）室で管理(かんり)❶され、24時間動き続けている。

⬆ もえるごみは（③）工場の
　ごみピットに運ばれる

⬆ ❶工場全体のようすを見
　守っている

◉ （　⑦　）ごみはリサイクルプラザに運ばれ、細かくされる。資源などリサイクルできるものは再生(さいせい)（リサイクル）工場に運ばれる。

◉ ごみをもやした後の灰の一部や、リサイクルできない細かいごみは（　⑧　）に運ばれ、うめ立てられる。

ごみの種類によってしょりのしかた
がちがうから、ごみの分別がたいせ
つなんだね。

①	
②	
③	
④	
⑤	
⑥	
⑦	
⑧	

きほんのドリル
11。

ステップ2
時間 15分 | 合かく 80点 | /100
月　　日
サクッとこたえあわせ
答え 67ページ

健康なくらしを守る④
ごみはどこへ①

1 ある市のごみしゅう集の表を見て、問いに答えましょう。40点（1つ10点）

(1) ごみを決められた日（曜日）に種類ごとに出すことを何といいますか。（　　　　　　　）

(2) もえないごみのしゅう集日は、月に何回ありますか。　月に（　　　　　）回

(3) 次のごみは、何曜日にしゅう集されますか。それぞれすべての曜日を答えましょう。

① 料理をしたときに出た、台所のごみ

（　　　　　　　　）曜日

② 読み終わった新聞紙

（　　　　　　　　）曜日

ごみ収集日程表

ごみは正しく分別し、収集日の朝8時30分までに45㍑以内のふくろに入れて出してください。

⬆ ごみの収集日

2 せいそう工場の図を見て、図中の①〜④の説明としてあてはまるものを、⑦〜⑤から選びましょう。　40点（1つ10点）

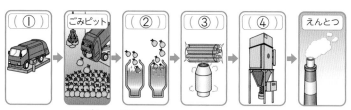

①（　　　　　）
②（　　　　　）
③（　　　　　）
④（　　　　　）

⑦ ごみを完全に灰にしたり、どろどろにとかしたりする。

⑦ ごみをもやすときに出た熱でじょう気をつくり、発電機を回す。

⑦ はいガスにふくまれる体によくないけむりを取りのぞく。

⑤ コンピューターを利用して、自動でごみの重さをはかる。

3 次の①・②にあてはまる言葉を書きましょう。　20点（1つ10点）

① せいそう工場やリサイクルプラザにある、機械を管理する所。

（　　　　　　　　　）

② しょりできないごみが運ばれる所。

（　　　　　　　　　）

ポイント もえるごみはせいそう工場で、もえないごみはリサイクルプラザでしょりされます。しょりされたごみのうち、リサイクルできるものはリサイクル工場に運ばれます。

時間 15分
問 ／ 8問中

月　　　日

サクッと
こたえ
あわせ

答え 67ページ

健康なくらしを守る⑤
ごみはどこへ②

（　　）にあてはまる言葉や数字を、右の □ に書きましょう。

● 分別して出されたごみを、つくり直したり、原料にもどして新しい製品をつくったりすることを（　①　）という。

びん　→　カレット　→　新しいびんなど

かん（アルミ・スチール）　→　再生地金など　→　アルミ・鉄製品など

ペットボトル　→　フレーク　→　服や新しいペットボトルなど

↑（①）の流れ

● 昔はさまざまなごみを分別せずに（　②　）していたが、今は指定されたふくろに、種類別にまとめて（②）している。

● 資源ごみを分別し、（①）するために（　③　）がつけられている。

↑（③）

● ごみをもやした後の（　④　）は、（　⑤　）（うめ立て場）にうめられるが、（⑤）にはかぎりがある。

● ごみをへらすためには、ごみになるものをことわる「リフューズ」、ごみそのものをへらす「（　⑥　）」、くり返し使う「（　⑦　）」、資源として再利用する「（①）」という、「（　⑧　）R」の取り組みなど、自分たちができることから取り組むことがたいせつである。

①
②
③
④
⑤
⑥
⑦
⑧

ごみをしょぶんするために多くの税金が使われているので、ごみが少なくなれば、税金の節約にもなります。

きほんの
ドリル
12.

ステップ2

時間 15分 | 合かく 80点 | /100

月　日

サクッと
こたえ
あわせ

答え 67ページ

健康なくらしを守る⑤
ごみはどこへ②

❶ 次の問いに答えましょう。　40点（⑴完答10点、1つ10点）

(1) 次の①～⑥のうち、資源ごみにあてはまるものを3つ選びましょう。

① ダンボール　　② ペットボトル　　③ 魚の骨などの生ごみ

④ 大きなソファ　　⑤ 古いタオル　　⑥ 家具

（　　・　　・　　）

(2) 次のごみは、リサイクルするため、どのようにしょりされますか。⑦
～⑦から1つずつ選びましょう。

① びん　　　　　　　② かん　　　　　　　③ ペットボトル

⑦
フレーク

⑦
再生地金

⑦
カレット

①（　　　　　）
②（　　　　　）
③（　　　　　）

❷ 次の文にあてはまるものを、　　　から選びましょう。　30点（1つ15点）

① 4Rのうち、ごみになりそうなものをことわること。

（　　　　　　）

② 4Rのうち、ごみそのものをへらすこと。　（　　　　　　）

リユース　　　リデュース　　　リフューズ　　　リサイクル

❸ ごみをへらすための取り組みとして、正しいものには○を、まちがっ
ているものには×をつけましょう。　　30点（1つ10点）

①（　　　）コピーをする紙は、できるだけ両面を使うようにする。

②（　　　）ごみの分別は、市町村の自治会の人たちにまかせる。

③（　　　）買い物をするときは、できるだけお店のビニールぶくろを使う。

ポイント　再利用できるごみには、アルミやスチールのかん、ガラスびん、古い布や紙などさまざまな
ものがありますが、家電や家具、生ごみなどは資源としての再利用がむずかしいごみです。

健康なくらしを守る⑥
下水のしょりと再利用

( )にあてはまる言葉を、右の □ に書きましょう。

◉ 家庭や学校、工場などで使われてよごれた水を（ ① ）という。（①）や雨水は、下水として（ ② ）管を通って（ ③ ）に運ばれ、しょりされる。

◉ （③）に運ばれてきた下水は、さまざまなせつびを通ってきれいにされる。大きなごみや砂を取りのぞく（ ④ ）、細かいよごれをしずめる第一ちんでん池、び生物の力でよごれを分解する（ ⑤ ）、どろのかたまりをしずめる第二ちんでん池などのせつびを通り、海や川へ放流される。

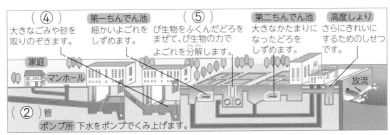

（ ④ ）
大きなごみや砂を取りのぞきます。

第一ちんでん池
細かいよごれをしずめます。

（ ⑤ ）
び生物をふくんだどろをまぜて、び生物の力でよごれを分解します。

第二ちんでん池
大きなかたまりになったどろをしずめます。

高度しょり
さらにきれいにするためのしせつです。

家庭　マンホール

放流

（ ② ）管

ポンプ所 下水をポンプでくみ上げます。

↑ 下水しょりのしくみ

◉ きれいになった水は「（ ⑥ ）」として、花の水やりや水洗（ ⑦ ）などにもう一度使われている。

◉ （②）を詰まらせる原因になるため、料理や食事のあとに出る（ ⑧ ）や油、トイレットペーパー以外の紙、薬、たばこ、そのほかのごみなどは流してはいけない。

| ① |
| ② |
| ③ |
| ④ |
| ⑤ |
| ⑥ |
| ⑦ |
| ⑧ |

下水にたいして、わたしたちの飲み水などに使われる水は「上水」とよばれます。

25

きほんのドリル 13.

ステップ2

健康（けんこう）なくらしを守る⑥
下水のしょりと再利用（さいりよう）

時間 15分 ／ 合かく 80点 ／100

サクッとこたえあわせ

答え 68ページ

1 次の文を読み、問いに答えましょう。　100点（1つ10点、⑵完答20点）

(1) 文中の①〜③にあてはまる言葉を ◯ でかこみましょう。

家庭や工場で使われた水や雨水は、①{ 上水 ・ 下水 }となって下水道管（かん）を通って、㋐下水しょり場に運ばれる。下水しょり場できれいにしょりされた水を川や海に流している。きれいにした水を放流（ほうりゅう）する以外にも、ビルの冷ぼうやだんぼうの熱源（ねつげん）にしたり、②{ トイレ ・ 台所 }の水などに㋑再利用したりしている。

下水道は、生活かんきょうやまちのせいけつをたもったり、大雨がふったときに雨水をはい水し、③{ しん水 ・ 地震（じしん） }からまちを守ったりするやくわりもある。

(2) 下線部㋐で水をきれいにするしょりについて、次の①〜④を正しいしょりの順番にならびかえましょう。

① 第一ちんでん池で、細かいよごれをゆっくりしずめ、取りのぞく。
② 反のうそうで、び生物の力を使ってよごれを分解（ぶんかい）する。
③ ちんさ池で、下水の中にある大きなごみや砂（すな）をしずめて取りのぞく。
④ さらに高度なしょりしせつで、水をよりきれいにする。

（　　　）→（　　　）→（　　　）→（　　　）

(3) 下線部㋑について、次の①〜⑤のうち、再生水の再利用のしかたとしてあてはまるものには〇を、まちがっているものには×をつけましょう。

①（　　　）食品（しょくひん）をつくる工場で、食材（しょくざい）をあらうための水に使う。
②（　　　）まちの花だんにさいている花への水やりに使う。
③（　　　）まちを走る鉄道の車両をあらう水に使う。
④（　　　）大量（たいりょう）の水を必要（ひつよう）とする、学校のプールの水に使う。
⑤（　　　）まちの中にある公園のふん水の水に使う。

ポイント 汚水（おすい）や雨水などの下水を流す下水道には、せいけつをたもつやくわり、地球のかんきょうを守るやくわり、まちをしん水から守るやくわりがあり、たいせつなせつびとなっています。

まとめのドリル 14。

健康なくらしを守る①〜⑥

1 次の問いに答えましょう。　　　　　　　　　　30点（1つ5点）

(1) 次の文中の①〜④にあてはまる言葉を◯でかこみましょう。

> 水道水は、①{ 川 ・ 海 }から取られ、②{ ダム ・ じょう水場 }へ送られる。ここできれいになった水は③{ 配水池 ・ 受水そう }にためられて学校などに送られる。学校で水は④{ ポンプ室 ・ 取水口 }から屋上のタンクへおし上げられ、水道管を通ってじゃ口へ送られていく。

(2) 森林は、水をたくわえるはたらきをすることから、何とよばれていますか。　　　　　　　　　　　　　　　　　　　（　　　　　　　　　）

(3) 水のじゅんかんを説明した、次の文中の①〜③にあてはまる正しい言葉の組み合わせを、⑦〜エから選びましょう。　　（　　　　　　　　　）

> じょう発して（①）になり、（②）となって地上にふり、（③）になったり、川や海に流れこんだりします。

⑦　①雨、②雪、③雲
イ　①雨、②地下水、③雲
ウ　①雲、②雨、③地下水
エ　①雲、②地下水、③雨

2 次の①〜③にあてはまる発電所を⑦〜ウから選び、それぞれの特ちょうについて説明したものをエ〜カから選びましょう。　30点（1つ5点）

① 　② 　③
　　　　　　　　　　　　　　　　　　　　　　　　　原子ろ

発電所 （　　　）　　（　　　）　　（　　　）
特ちょう（　　　）　　（　　　）　　（　　　）

⑦　火力発電所　　イ　水力発電所　　ウ　原子力発電所
エ　ウラン燃料を使い、発生する熱で発電する。
オ　地球温暖化の原因となる二酸化炭素を多く発生させる。
カ　燃料を使わないので、二酸化炭素やはい物をほぼ出さない。

→うらのページに続くよ！　**27**

3 次の問いに答えましょう。 　　　　　　　　　　25点（1つ5点）

(1) 右のごみの出し方の表を見て、正しく説明
しているものを1つ選び、○をつけましょう。

① (　　　　) ダンボールはもえるごみとして出
す。

② (　　　　) 新聞は資源ごみとして出す。

③ (　　　　) かさはそ大ごみとして出す。

(2) 資源となるものを分別し、再利用するため
につけられる右のマークをまとめて何とい
いますか。

(　　　　　　　) マーク

(3) 次の①～④の文を読み、ごみのしょりの説明として正しいものを2
つ選び、○をつけましょう。

① (　　　　) もえるごみはリサイクルプラザ、資源ごみなどはせいそう工
場へ運ばれる。

② (　　　　) もえるごみをもやした熱で、発電がおこなわれる。

③ (　　　　) もえるごみをもやした灰は、セメントにリサイクルされる。

④ (　　　　) リサイクルプラザで選別された鉄やアルミは、しょぶん場（う
め立て場）へ運ばれる。

(4) ごみをへらすための取り組みである4R（アール）の一つ「リデュース」の説
明として正しいものを、⑦～⑤から選びましょう。 　　(　　　　　)

⑦ ごみになるものをことわる。　　　⑥ ごみそのものをへらす。

⑦ 何回もくり返し使う。　　　　　　⑤ 再び資源として利用する。

4 下水しょりのしくみについて、図の①～③のしせつの説明として、あ
てはまるものを⑦～⑤から選びましょう。
　　　　　　　　　　15点（1つ5点）

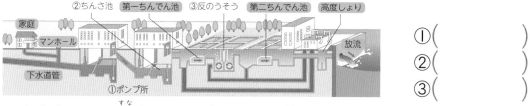

① (　　　　　)
② (　　　　　)
③ (　　　　　)

⑦ 大きなごみや砂を取りのぞく。　　　⑥ 下水をくみ上げる。

⑦ び生物の力でよごれを分解する。

わたしたちの県①〜⑥　健康なくらしを守る①〜⑥

⭐1　次の問いに答えましょう。　40点（1つ5点）

(1)　次の文の①〜③にあてはまる言葉や数字を書きましょう。

> 　日本には、1都1道2府（　①　）県がある。1都は（　②　）都、1道は北海道、2府は大阪府と（　③　）府である。

①（　　　　　　　）　②（　　　　　　　）　③（　　　　　　　）

(2)　右の地図を見て、地図中のあ〜えの地方の名前を書きましょう。

あ（　　　　　　　　）地方
い（　　　　　　　　）地方
う（　　　　　　　　）地方
え（　　　　　　　　）地方

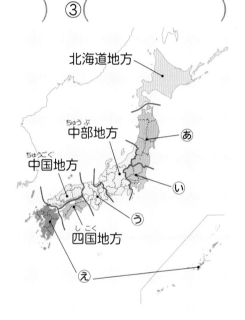

北海道地方

中部地方

中国地方

あ

い

う

四国地方

え

(3)　次の県のうち、中部地方にない県を次の⑦〜⑤から1つ選びましょう。

（　　　　　　　）

⑦　愛知県　　　　⑦　新潟県
⑦　福井県　　　　⑤　山形県

⭐2　右の地図を見て、次の問いに答えましょう。　10点（1つ5点）

(1)　宮城県の中央に広がっているひくい土地を、何といいますか。

仙台（　　　　　　　　　）

(2)　北上川は、どの方向に流れていますか。次の⑦〜⑤から選びましょう。

（　　　　　　　）

⑦　北から南へ　　　⑦　東から西へ
⑦　西から東へ　　　⑤　南から北へ

秋田県　岩手県
山形県　宮城県　三陸海岸
　　　　　　　仙台湾
福島県
0　20km

1000
500
200
100

↓うらのページに続くよ！　**29**

3 次の文の①～④にあてはまる言葉を、㋐～㋕から選びましょう。

- 川から取り入れられた水は（①　　　　）できれいな水にして、学校や家庭に送られる。
- 森林は、水をたくわえるはたらきをすることから、「緑の（②　　　　）」とよばれる。水は地上と空をまわり（③　　　　）する。
- じゃ口から出る水を出しっぱなしにせず、使う量をへらすことを（④　　　　）という。

㋐　じょう水場　　㋑　下水しょり場　　㋒　水げん

㋓　ダム　　　　　㋔　節水　　　　　　㋕　じゅんかん

4 次の問いに答えましょう。

(1) 次の絵は、昔の買い物と今の買い物を表しています。これについて説明した㋐・㋑の文のうち、正しい言葉を◯でかこみましょう。

昔の買い物

今の買い物

㋐　昔の買い物と今の買い物とでは、{ 昔 ・ 今 }の買い物のほうが、ごみが多く出る。

㋑　その理由は、品物がビニールなどでおおわれて

{ いる ・ いない }からである。

(2) 次の文の①～④にあてはまる言葉を、　　から選びましょう。

　ごみを再利用することを（①　　　　　）といい、くり返し使えるものを何度も使うことを（②　　　　）という。ごみになるものを（③　　　　）ことをリデュースといい、いらないものをことわることを（④　　　　）という。

ふやす　　へらす　　リユース　　リフューズ　　リサイクル

きほんの
ドリル
16。

ステップ1

⏱時間 15分

問／8問中

月　日

サクッと
こたえ
あわせ

答え 68ページ

自然災害から人々を守る①
風水害へのそなえ

(　)にあてはまる言葉を、右の□に書きましょう。

⦿ 地震や津波、ふん火、など、自然のはたらきがもとになって起こるひ害を(①)といい、(①)のうち、大雨や台風などのひ害を(②)という。

↑(①)の大雨による土砂くずれのようす

⦿ (①)が起きたときには、消防やけいさつのほかに、国の平和と独立を守る組織の(③)が救助活動をおこない、気象庁が災害の情報を発信する。

⦿ 県や市町村では、(②)に対して、大雨で川の水があふれないよう、川に(④)をつくったり、ひなん訓練をおこなったりなどの対さくをしている。

⦿ (①)のとき、国や都道府県、市区町村などがおこなう取り組みを(⑤)、近所の人々と助け合い地いきを守る取り組みを共助、自分や家族の命を守る取り組みを(⑥)という。

⦿ (①)へのそなえとして、(⑦)を見て災害のきけんがあると予想される地いきや、(⑧)所の場所をかくにんしたり、水やかい中電とうなど、非常用品を用意したりすることがたいせつである。

①
②
③
④
⑤
⑥
⑦
⑧

気象庁の情報をいつでも聞けるように、ラジオも用意しておこう。

ステップ2

自然災害から人々を守る①
風水害へのそなえ

1 次の問いに答えましょう。

100点（1つ10点）

(1) 自然災害にあてはまるものを、⑦〜⑦から3つ選びましょう。

　　⑦ 地震　　⑦ 交通事故　　⑦ ごう雨　　⑦ 火事　　⑦ 津波

（　　・　　・　　）

(2) 風水害のようすについて、あてはまる言葉に◯をつけましょう。

> 台風のときは①{ 大雨 ・ ふん火 }でこう水や土砂くずれなどの災害が起こることもある。②{ 市役所で働く人 ・ 自衛隊 }は、災害が起こった現場に行き、救助活動をおこなう。

(3) 図の中の①〜④の説明を、⑦〜⑦から選びましょう。

　⑦ 地いき防災計画でそなえをまとめ、ハザードマップで人々の防災いしきを高めようとしている。

　⑦ 住民どうしが協力して災害を乗りこえられるように訓練をしてそなえている。

　⑦ ひとりひとりがふだんから防災いしきを高める必要がある。

　⑦ ひ害をへらすために川の工事をしたり、ふだんから関係機関が協力できるようにそなえたりしている。

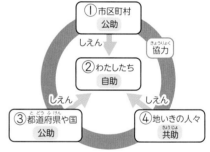

↑風水害からくらしを守る取り組み

　　　①（　　　）②（　　　）③（　　　）④（　　　）

(4) 自然災害が起こったとき、次の①〜③の場合にそなえておくとよいものを、⑦〜⑦から1つずつ選びましょう。

① 電気が止まったときに情報を得る。

② 水が止まったときに使う。

③ ガラスのはへんなどから身を守る。

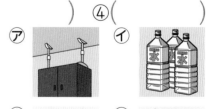

①（　　　）②（　　　）③（　　　）

ポイント 風水害を防ぐために、県では川はばを広げたり、ていぼうを整備したりしています。市区町村では地いき防災計画を定め、防災訓練をしたり、ハザードマップを作ったりしています。

きほんの
ドリル
17.

ステップ1

時間 15分

問 ／ 8問中

月　　日

サクッと
こたえ
あわせ

答え 69ページ

自然災害から人々を守る②
地震・津波へのそなえ

（　　）にあてはまる言葉を、右の□□に書きましょう。

● 地面がはげしくゆれ動くことを（　①　）という。

⬆（①）のようす

● （①）の震げんが海底のとき、海がゆれ動き（　②　）が発生することがある。

● （②）やこう水をふせぐために、川や海のえん岸には、（　③　）が設置される。

● 市や県は、国のきまりにそって地いき（　④　）計画をつくって災害にそなえている。

● （①）でひ害を受けたら、市や県は、ひ害のようすをかくにんして、さまざまな機関に（　⑤　）を伝える。ひ害が大きいときは、県の求めによって、救助などをおこなうために国の平和を守る組織である（　⑥　）が出動する。

● （①）にそなえて、ひなん用リュックに（　⑦　）用品をまとめたり、（　⑧　）でひなん所の場所をかくにんしたりしておく。

⬆（⑦）用品

①
②
③
④
⑤
⑥
⑦
⑧

学校や地いきの自治会には、防災倉庫といって、災害時に救援物資がとどくまでの間に必要な食料や水などが保管されているよ。

地震・津波へのそなえ

1 次の問いに答えましょう。　　100点（1つ10点　(2)は1つ20点）

(1) 次の図は、地震や津波から住民を守るしくみを表しています。この図を見て、問いに答えましょう。

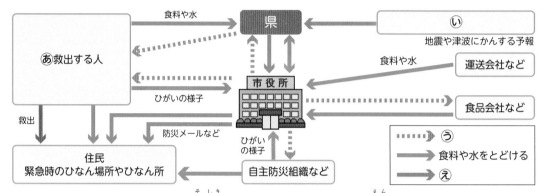

① あのやくわりをもつ組織を、　　　からすべて選びましょう。

（　　　　　　　　　　　　　　）

市役所　　自衛隊　　けいさつしょ　　消防しょ　　地震防災センター

② いは、地震や津波にかんする予報などの情報を発信します。この機関の名前を答えましょう。　　　　　　（　　　　　　　　）

③ うとえの矢印が表すものを、それぞれ選びましょう。

⑦　救出をおこなう　　　　④　情報を伝える　　　　う（　　　　）
⑦　協力を求める　　　　　⑨　ようすを知る　　　　え（　　　　）

(2) 海に面した県や市は、右のようなひょうしきを各所に立てています。このひょうしきの正しい説明を、次の⑦〜⑨から2つ選びましょう。

⑦　津波ひなんビルの高さをしめしている。
④　海からの地面の高さをしめしている。
⑦　海からのきょりをしめしている。
⑨　さまざまな国の言葉で書かれている。

（　　・　　）

　津波ひなんビルは、海に面した地域につくられていて、津波がはやくおそってきて高台へにげることができないときなどに、すぐにひなんできるようになっています。

自然災害から人々を守る③
火山災害・雪害へのそなえ

( )にあてはまる言葉を、右の □ に書きましょう。

◉ 火山がばく発し、灰や石が
ふき出すことを(①)と
いう。日本は火山が多くあ
り、(②)県と宮崎県に
またがる新燃岳では、
2011年に(①)が起きた。

↑(①)のようす

◉ 宮崎県では(①)が起きたときにそなえて、県や市町
村、けいさつ、消防しょ、(①)に関する情報や、け
い報を発表する(③)など多くの関係機関と協力
体制を整えている。

◉(①)がおよぶはんいの予想や、(④)所の場所を
しめした「火山(⑤)マップ」というハザードマッ
プを作成している地いきもある。

◉ 多くの雪がふることによっ
て起こる災害を(⑥)と
いう。

↑(⑦)のようす

◉ 雪による事故を防ぐため、
道路の雪を(⑦)したり、
道路や歩道に雪が積もらないように(⑧)で路面
をあたためる
など、対さく
をしている。

灰も雪も、町に積もってしまうと農業
や交通にえいきょうが出るんだね。

①
②
③
④
⑤
⑥
⑦
⑧

きほんの
ドリル
18。
ステップ2
時間 15分
合かく 80点
/100
月　　日

サクッと
こたえ
あわせ
答え 69ページ

自然災害から人々を守る③
火山災害・雪害へのそなえ

1 火山のふん火について説明した、次の文中の①～⑥にあてはまる言葉を、 から選びましょう。　　60点（1つ10点）

> 　火山のふん火によって、さまざまなひ害が発生する。まちに灰や石がふり積もることで、道路が見えづらくなり、（①　　　　　　　　）を引き起こしたり、畑の日当たりが悪くなり、（②　　　　　　　　）が育たなくなったりする。また、灰が（③　　　　　　　　）に入りこみ、からだへの悪いえいきょうを引き起こすこともある。積もった灰の上から（④　　　　　　　　）がふると、灰が水をすって重くなり、（⑤　　　　　　　　）がたおれてしまうおそれもある。
> 　ふん火した直後は、石が飛んでくることもあるため、ひなんするときは（⑥　　　　　　　　）などで身を守ることがたいせつである。

雨　　ヘルメット　　目や鼻　　交通事故　　建物　　作物

2 次の①～④は、雪害を防ぐための取り組みです。絵や写真の説明として正しいものを⑦～⑤からそれぞれ選びましょう。　　40点（1つ10点）

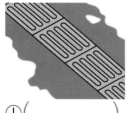

①（　　　　　）②（　　　　　）③（　　　　　）④（　　　　　）

⑦　市が市民に除雪機をかし出し、除雪に協力してもらっている。
⑦　除雪車を使って、交通などをさまたげない場所に雪を集めている。
⑦　雪害対さくについて話し合うため、市が対さく本部を設置している。
⑤　路面をあたためて、積もった雪がとけるようにしている。

ポイント 火山灰は数十km先まで飛んでいくこともあり、広いはんいにひ害がおよびます。
雪が積もることで、交通事故を引き起こしたり、重さで建物がたおれたりしてしまいます。

まとめの
ドリル
19。

時間 **20**分　合かく **80**点　／100
月　日

サクッと
こたえ
あわせ
答え **69**ページ

自然災害から人々を守る①〜③

1 次の問いに答えましょう。　　　　　　　　　　　25点（1つ5点）

(1) 次の絵は自然災害のようすです。絵にあてはまる説明を⑦〜⑤から選びましょう。

①（　　　　　） ②（　　　　　） ③（　　　　　） ④（　　　　　）

⑦ ふん火によって灰が空にふき出ている。

④ 大雨によって土砂くずれが起きている。

⑤ 大雪によって、地面に雪が積もり、交通じゅうたいが起きている。

⑤ 地震によって、家などの建物がたおれている。

(2) 津波やこう水をふせぐために、川や海のえん岸に設置されるせつびの名前を書きましょう。　　　　　　　　　　（　　　　　　　　）

2 次の①〜⑤のうち、公助にあてはまるものは⑦を、共助にあてはまるものは④を、自助にあてはまるものは⑤をそれぞれ書きましょう。

25点（1つ5点）

①（　　）地いきの人たちといっしょにひなん訓練をおこなった。

②（　　）市がお金を出して、ひなん所に防災倉庫をおいた。

③（　　）家族でひなんするときのために、家にひなん用のリュックを用意した。

④（　　）大雨が発生したときに、気象庁が大雨こう水けい報を発令した。

⑤（　　）ひなん所運えい委員会が、ひなん所を開設した。

↪うらのページに続くよ！　**37**

3 次の問いに答えましょう。　　　　　　　　　　　30点（1つ5点）

(1)　次の①〜⑤の文を読み、地震・津波に関する説明として正しいものには〇を、まちがっているものには×をつけましょう。

①（　　　）地震が起きたらすぐにひなんした方がよいので、ゆれている間もまちなかを走って移動した方がよい。

②（　　　）海ぞいの地いきでは、地震のあとに津波がおしよせてくるおそれがあるため、高い建物などにひなんした方がよい。

③（　　　）地震が起きたときには、ライフラインが止まるおそれがある。

④（　　　）自分の住んでいる地いきに津波がおしよせているという情報を聞いたときは、その場で自衛隊の救助を待つとよい。

⑤（　　　）津波からにげるための高台として、海岸ぞいの地いきには津波ひなんタワーが設置されている。

(2)　自然災害によってひ害が予想される地いきや、ひなん所の場所をしめした地図の名前を書きましょう。　　　　（　　　　　　　　　　　）

4 災害のときの次の①〜④のような場合にそなえて、じゅんびしておくとよいものを、㋐〜㋓から選んで線で結びましょう。　　20点（1つ5点）

①調理ができなくなったり、食料を得るのがむずかしくなったりしてしまうことがあります。　●

●　㋐

②電気が止まってしまうと、ひ害の情報を知ることがむずかしくなります。　●

●　㋑

③外に出てひなん所へ行くときガラスやブロックのはへんが落ちてくることがあります。　●

●　㋒

④水道が止まって、水が使えなくなってしまうことがあります。　●

●　㋓

きょう土に受けつがれるもの①
文化財と伝統行事

（　）にあてはまる言葉を、右の□に書きましょう。

- 国や県、市などがほぞんすること決めた重要な建物などを（　①　）という。

富岡製糸場

今からおよそ150年前の1872年に群馬県に建てられた、生糸をつくるための工場。およそ40年前の1987年に閉業した。

- 群馬県にある富岡製糸場は、国が指定する（①）で、その歴史的価値がみとめられ、ユネスコの（　②　）にも登録されている。

- 富岡製糸場は見学できるようになっており、（　③　）の名所となっている。地いきでたいせつに受けついでいくために、（　④　）する修理工事がなされている。

- 祭りなど、古くから地いきでおこなわれてきた行事を（　⑤　）行事という。そのなかでも、毎年同じ時期におこなうものを（　⑥　）行事という。

- 地いきに受けつがれてきたおどりや歌を、きょう土（　⑦　）という。近年では、きょう土⑦を受けついでいく（　⑧　）の不足が問題である。

①
②
③
④
⑤
⑥
⑦
⑧

文化財やきょう土芸のうは地いきの人たちがたいせつに受けついできたんだね。

39

きょう土に受けつがれるもの①
文化財と伝統行事

1 次の文を読み、あとの①〜⑤のうち、正しいものには○を、まちがっ
ているものには×をつけましょう。　　　　　　50点（1つ10点）

> 　群馬県の富岡市では、質のよい生糸でつく
> った「富岡シルク」とよばれる製品の生産がお
> こなわれている。これは、生糸をつくってきた
> 富岡製糸場が世界遺産に登録されたことを受け
> て、生糸づくりの伝統をたやさないために始め
> られた産業である。富岡市には、観光客が生糸
> づくりを体験できる工房も多くあり、富岡製糸場の歴史や知名度を生かしたま
> ちづくりが進められている。

↑富岡シルク

①(　　　)富岡製糸場の生糸づくりの歴史は世界にみとめられている。
②(　　　)「富岡シルク」が世界遺産に登録されている。
③(　　　)富岡市の生糸づくりは近年始められた産業である。
④(　　　)富岡市では、生糸を生かした観光産業がさかんである。
⑤(　　　)富岡市は生糸づくりの伝統のほぞんに力を入れている。

2 文中の①〜⑤にあてはまる言葉を、⑦〜⑦からそれぞれ選びましょう。
　　　　　　　　　　　　　　　　　　　　　　　50点（1つ10点）

> 　日本の各地に「神楽」という、神様にささげる伝統的な舞が伝わっている。神
> 楽を毎年の(①　　　　　)行事としておこなう地いきは多いが、そのほとんどの地
> いきで神楽を受けついでいく(②　　　　　)の不足が課題となっている。そのため、
> (③　　　　　)を立ち上げ、(④　　　　　)のほうふな人が地いきの(⑤　　　　　)
> たちに神楽を教えている地いきもある。

⑦　けいけん　　⑦　年中　　⑦　ほぞん会　　⑦　子ども　　⑦　後つぎ

きほんの
ドリル
21.

ステップ1

時間 15分

問 ／ 8問中

月　　日

サクッと
こたえ
あわせ

答え 70ページ

きょう土に受けつがれるもの②
地いきに水を引く

（　　）にあてはまる言葉を、右の □ に書きましょう。

◉ 私たちの生活や農業、工業などに使うための水や水路を（　①　）という。

◉ 京都府では、およそ150年前に人口がへり、農業や工業など、社会をささえるさまざまな仕事である（　②　）がすいたいした。

◉ 京都府に活力を取りもどすため、（　③　）県の琵琶湖から水を運ぶ、琵琶湖疏水という（①）をつくり、（　④　）で人やものを運ぱんすることや、水の力で電気を発電する（　⑤　）を計画した。

🔼 琵琶湖疏水の流れ（アクア琵琶）

◉ 琵琶湖疏水をつくるには、当時日本でもっとも長いずい道とよばれる（　⑥　）をほる工事が必要だった。工事は、多くの人々の（　⑦　）があり、約5年で完成した。

◉ 琵琶湖疏水は、げんざいも利用されており、地いきの（⑦）でおこなわれた工事や人々の生活にかかわる歴史から、文化庁が認定する（　⑧　）遺産となっている。

①
②
③
④
⑤
⑥
⑦
⑧

琵琶湖疏水は、工事を始めて5年後に完成したあと、2つ目の疏水の工事に取りかかり、20年後に完成したよ。

きほんの
ドリル
21.
ステップ2
時間 15分 | 合かく 80点 | /100
月　　日

サクッと
こたえ
あわせ
答え 70ページ

きょう土に受けつがれるもの②
地いきに水を引く

1 次の①〜③にあてはまる言葉を、　　　からそれぞれ選びましょう。

30点（1つ10点）

・水は人々の生活や（①　　　　　　　）、工業
　などの産業にかかせないものである。

・水が不足する地いきでは（②　　　　　　）
　にこまり、長く雨がふらないと作物が育たず、
　生活が成り立たなかった。

・そのため、昔の人々は、遠くの川や湖などか
　ら水を引いて（③　　　　　　）をつくった。

飲み水　　農業　　用水　　ダム

2 琵琶湖疏水に関する次の文を読み、①〜⑦のあてはまる言葉に ◯ を
つけましょう。

70点（1つ10点）

・琵琶湖疏水が完成したことで、①{ 水力 ・ 火力 }発電所の運転が始
　まった。

・琵琶湖疏水の発電所でつくられた電気を使って、日本で初めての電気
　②{ 自動車 ・ 鉄道 }が走った。

・電気は機械などをつくる③{ 工業 ・ 商業 }に利用された。

・京都市に住む人々の飲み水が足りなくなってきたことから、疏水が開かれ、
　飲み水をつくる④{ 下水しょり場 ・ じょう水場 }がつくられた。

・げんざいも疏水を⑤{ 工業 ・ 農業 }に利用して、おいしい京野菜が育
　てられている。

・2018年には、67年間とだえていた⑥{ 船 ・ バス }の運航が復活し、
　たいせつな⑦{ エネルギー ・ 観光 }資源となっている。

　こんなんな工事によってできた疏水は、人々の生活をゆたかにしました。また、日本遺産と
　なった疏水には、多くの観光客がおとずれています。

きょう土に受けつがれるもの③
教育と医りょう

（　　　）にあてはまる言葉を、右の□に書きましょう。

◉ 新潟県小千谷市にある小千谷小学校は、日本で一番古い歴史をもつ公立小学校とされている。

◉ 今から約150年前、戦争で親や住む（　①　）をうしなった子どもたちが小千谷にうつり住んできた。商人の山本比呂伎は、すべての子が（　②　）を受けられる学校が必要だと考え、みずからばく大な（　③　）を出し、「振徳館」として学校を設立した。

◉ 道徳心と、一人ひとりの特ちょうや性質などの（　④　）をたいせつにする、比呂伎の教えは、げんざいも小千谷小学校で受けつがれている。

◉ 杉田玄白❶は（　⑤　）時代に、人々の治りょうをおこなった（　⑥　）である。今から約250年前にオランダ語の医学書を日本語にほんやくし、だれもが読める本として出ぱんした。

⬆杉田玄白

◉ 玄白は弟子を指どうするための、個人の（　⑦　）を開き、西洋医学を教えた。玄白の行動によって西洋の（　⑧　）を学ぶ人々がふえた。

①
②
③
④
⑤
⑥
⑦
⑧

教育も医りょうも、その発てんをささえる人がいて、広まっていったんだね。

きょう土に受けつがれるもの③
教育と医りょう

1 次の問いに答えましょう。　　　　　　　　　　　　50点（1つ10点）

(1) 商人の山本比呂伎が「振徳館」という名の学校を設立した理由として、あてはまるものを2つ選び、○をつけましょう。

① (　　　) 自分の店で働く人を育てるため。

② (　　　) これからの世の中をよりよくするため。

③ (　　　) すべての子どもたちが教育を受けられるようにするため。

④ (　　　) 子どもたちの親からお金を出させるため。

(2) 山本比呂伎の教えについて、次の文の①～③にあてはまる言葉を、あとの　　　から選びましょう。

比呂伎は、正しく生きるための(①　　　　　　　　)と、子どもたちが元からもっている性質である(②　　　　　　　　)をたいせつに育てるようにとの教えを残している。

「振徳館」から発てんした小千谷小学校では、「心をみがく」という(③　　　　　　　　)目標のもと、比呂伎の教えが受けつがれている。

教育　　こせい　　道徳心

2 杉田玄白に関する次の①～⑤の文のうち、正しいものには○を、まちがっているものには×をつけましょう。　　　　　　50点（1つ10点）

① (　　　) 日本語の医学書をオランダ語にほんやくした。

② (　　　) 江戸時代にかつやくした医者である。

③ (　　　) 玄白の出ぱんしたほんやく書や開いたじゅくは、西洋の学問を学ぶ人々がふえるきっかけとなった。

④ (　　　) 多くの弟子に西洋医学を伝えた。

⑤ (　　　) 西洋医学の研究はしていたが、自分が治りょうをおこなうことはなかった。

 社会をよりよくしていこうという先人の思いが受けつがれ、今の発てんにつながっていることを知りましょう。そして、それを後の時代に受けついでいくたいせつさを学びましょう。

きほんの
ドリル
23. ステップ1　時間15分　問／8問中　月　日
サクッと
こたえ
あわせ
答え 70ページ

きょう土に受けつがれるもの④
産業と文化

（　）にあてはまる言葉を、右の□□に書きましょう。

● （　①　）県ひたちなか市は、さつまいもの生産が
さかんで、さつまいもは県の（　②　）である。

● 今から約100年前は、いねのさ
いばいを中心とした（　③　）が
おもな産業であった。しかし、
いねは干ばつに弱く、（　④　）
の少ない年にはいねが育たず、
農家の（　⑤　）は安定しなかった。

● 地いきの役所につとめていた白土松吉は、かんそう
に強いさつまいものさいばい方法を研究し、その結
果、さつまいものしゅうかくが安定するようになっ
た。

● 岩手県遠野市は、ようかいなどが登場する（　⑥　）
話やししおどり、神楽など、古くから伝わる伝統
（　⑦　）が残されているまちとして知られている。

● 約110年前、民ぞく学者の柳田國男が、遠野に住む
人に聞いた⑥話をまとめた『遠野物語』という本
を出ぱんしたことで、遠野市が知られるようになり、
（　⑧　）資源としてまちづくりに生かされている。

①
②
③
④
⑤
⑥
⑦
⑧

むかしの人の努力が、今のわたしたちのまちの
特産品や観光資源となっているんだね。

ステップ2

 時間 15分 ｜ 合かく 80点 ｜ ／100 ｜ 月　日

サクッと
こたえ
あわせ

答え 70ページ

きょう土に受けつがれるもの④
産業と文化

① 次の問いに答えましょう。　　　　　　　　　　　　50点（1つ10点）

(1) およそ100年前のひたちなか市の農家のしゅう入について、次の文の
①〜③のあてはまる言葉に◯をつけましょう。

> それまでおもに生産されていたいねは、かんそうに①{ 強く ・ 弱く }、
> 雨がふらないとしゅうかく量が②{ ふえた ・ へった }。天気にえいきょ
> うされるため、農家のしゅう入は③{ 安定していた ・ 不安定だった }。

(2) 白土松吉（しらとまつきち）が、さつまいものさいばい方法を研究した結果としてあては
まるものを、⑦〜⑦から2つ選びましょう。

⑦　ひたちなか市はさつまいもが特産物（とくさんぶつ）となった。

⑦　食料を安定してかくほできるようになった。

⑦　いねのさいばいがおとろえ、農業がおこなわれなくなった。

（　　　・　　　）

② 次の問いに答えましょう。　　　　　　　　　　　　50点（1つ10点）

(1) 遠野市（とおの）がある都道府県はどこですか。　　（　　　　　　　）

(2) 遠野市に関（かん）する次の①〜④の文のうち、正しいものには◯を、まち
がっているものには×をつけましょう。

①（　　　）遠野市は、むかしから伝（つた）わる伝統（でんとう）文化が数多く残（のこ）る地いきと
して知られている。

②（　　　）伝統文化には、むかし話や祭りだけでなく、地いきで古くか
ら食べられてきた料理（りょうり）などもふくまれる。

③（　　　）遠野市に伝わる伝統文化は地いきに住む人のみが知るもので
あり、観光客（かんこうきゃく）などにはいっさい伝えられない。

④（　　　）遠野市に伝わるむかし話が、柳田國男（やなぎたくにお）の書いた『遠野物語』
にまとめられている。

ポイント 安定した産業（さんぎょう）がなければしゅう入も安定しないため、人々は不安を感じてしまいます。
また、伝統文化とは、受けつがれてきた昔の人々のくらしなどの文化すべてをさします。

きょう土に受けつがれるもの①〜④

1 次の問いに答えましょう。　30点（1つ5点）

(1) 次の①〜④の言葉と、㋐〜㋓の説明を線で結びましょう。

①きょう土芸のう　●

②世界遺産　●

③年中行事　●

④文化財　●

●㋐人々が地いきにたいせつに伝えてきた価値のある建物などのこと。

●㋑古くから毎年同じ時期におこなわれてきた伝統行事のこと。

●㋒地いきに古くから受けつがれるおどりや歌のこと。

●㋓歴史的・文化的価値が世界にみとめられた建物などのこと。

(2) 次の文の①・②にあてはまる言葉を書きましょう。

・きょう土芸のうを今後も①（　　　　　　　　　）いくためには、
②（　　　　　　　　　）となる若い人たちの参加が必要である。

2 文中の①〜④にあてはまる言葉を、　　　からそれぞれ選びましょう。

20点（1つ5点）

京都市を再生したいという人々の（①　　　　　　　　　）をかなえるため、琵琶湖から京都市へ（②　　　　　　　　　）が引かれた。当時、日本でもっとも長い（③　　　　　　　　　）をほる工事はこんなんをきわめたが、（②）の完成によって、京都市では再び産業が活発になった。琵琶湖疏水はげんざい、（④　　　　　　　　　）に登録されている。

発電所　　用水路　　日本遺産　　願い　　ずい道　　世界遺産

→うらのページに続くよ！　**47**

3 次の①〜⑤の文のうち、山本比呂伎（やまもとひろき）についてのものは㋐を、杉田玄白（すぎたげんぱく）についてのものは㋑を、どちらにもあてはまるものは㋒をそれぞれ書きましょう。
25点（1つ5点）

① (　　　　) 医者として治（ち）りょうをおこなうかたわら、じゅくを開き、西洋（せいよう）の医学を教えた。

② (　　　　) だれもが教育を受けられる学校をつくった。

③ (　　　　) 多くの教えが後の世にも伝（つた）えられ、人々にえいきょうをあたえている。

④ (　　　　) 思いやりの心とこせいをたいせつにする教えがげんざいまで伝わっている。

⑤ (　　　　) 西洋の本をほんやくしたことが、西洋の学問を学ぶ人々を生み出すきっかけとなった。

4 次の問いに答えましょう。
25点（1つ5点）

(1) 右の絵を見て、文中の①〜③にあてはまる言葉を、㋐〜㋒からそれぞれ選（えら）びましょう。

茨城県ひたちなか市の（①　　　　）の一つに、さつまいもがある。約100年前、白土松吉（しらとまつきち）がいねの（②　　　　）から人々を救うためにさいばいしたことをきっかけに、さつまいもの生産はたいせつな（③　　　　）となった。

↑さつまいもを使ったほしいも

㋐ 産業（さんぎょう）　㋑ 特産物（とくさんぶつ）　㋒ 不作（ふさく）

(2) 右の絵を見て、文中の①・②にあてはまる言葉を、㋐〜㋒からそれぞれ選びましょう。

岩手県遠野市（いわてとおのし）の駅前ではかっぱの銅像（どうぞう）が見られる。ようかいが出てくるむかし話など、さまざまな（①　　　　）で知られるまちとして、（②　　　　）業がさかんである。

↑かっぱの銅像

㋐ 伝統文化（でんとうぶんか）　㋑ 柳田國男（やなぎたくにお）　㋒ 観光（かんこう）

冬休みの
ホームテスト

月　　日

サクッと
こたえ
あわせ

答え **71**ページ

25。自然災害から人々を守る①〜③
きょう土に受けつがれるもの①〜④

時間 **20**分　　合かく **80**点　　／**100**

⭐**1**　次の問いに答えましょう。　　　　　30点（1つ5点）

(1) 次の文中の①〜④にあてはまる言葉を、㋐〜㋑から選びましょう。

> 雨や風による自然災害を、（①　　　　　　）という。（①）には、うずをまいた空気
> が強い雨と風がもたらす（②　　　　　　）、（②）などのえいきょうで海面が上昇し、
> 海の水がおしよせる（③　　　　　　）、大雨などで川がはんらんしてあふれた水が
> おしよせる（④　　　　　　）などがある。

㋐　こう水　　㋑　高潮　　㋒　台風　　㋓　風水害

(2) 次の①・②の説明にあてはまる言葉を書きましょう。
　①自衛隊や消防しょによる救助活動のように、国や都道府県、市区町村
　　が人々を守る取り組み。　　　　　　　　　　（　　　　　　　　　　）
　②自分や自分の家族を守る取り組み。　　　　　（　　　　　　　　　　）

⭐**2**　次の問いに答えましょう。　　　　　25点（1つ5点）

(1) 次の①〜③のせつび・きかいの名前を、あとの　　　から選びましょう。

①（　　　　　　　　）　②（　　　　　　　　）　③（　　　　　　　　）

　　かんしセンター　　津波ひなんタワー　　小型除雪機　　防波てい

(2) ハザードマップにしめされるものを、㋐〜㋓から選びましょう。
　　　　　　　　　　　　　　　　　　　　　　（　　　・　　　）

㋐　災害が起こる確率　　㋑　ひなん場所
㋒　家の住所　　　　　　㋓　ひ害予想地いき

➡️ うらのページに続くよ！　　**49**

3 次の問いに答えましょう。 25点（1つ5点）

(1) 次の文中の①〜④の説明にあてはまる言葉を、⑦〜⑦から選びましょう。

①地いきの歴史的な特色を通じて、日本の文化や伝統を語るものとして認定されたもの。 （　　　　）

②古くから、毎年決まった時期におこなわれている行事のこと。 （　　　　）

③人々が生活や農業、工業などに使うための水のこと。 （　　　　）

④地いきの人たちが、さまざまな願いをこめて、自分たちで演じ、受けついできたおどりや歌などのこと。 （　　　　）

⑦ きょう土芸のう　　⑦ 年中行事　　⑦ 用水

⑦ 世界遺産　　⑦ 日本遺産

(2) 次の写真と文を見て、文中の（　）にあてはまる言葉を書きましょう。

群馬県にある富岡製糸場のように、地いきの文化をあらわす重要なものとして、国や県、市などがほぞんしていくことを決めたものを（　　　　　　）という。

☆ 4 次の①〜④の文のうち、産業の発てんにあてはまるものは⑦を、教育・医りょうの発てんにあてはまるものは⑦を、伝統文化を受けつぐことにあてはまるものは⑦をそれぞれ書きましょう。 20点（1つ5点）

①地いきで昔からおどっているおどりを教えるために子ども教室を開き、地いきの子どもたちに参加してもらった。 （　　　　）

②地いきで流行した新たな病気を研究し、病気の原因とよぼうの方法を伝えた。 （　　　　）

③用水路を整備する工事をおこない、より多くの田や畑に水が行きわたるようにした。 （　　　　）

④子どもたちが学べる学校をつくり、人としてたいせつな心がまえなど、さまざまな教えを本に残した。 （　　　　）

ステップ1　⏱時間15分　問／8問中　月　日

特色を生かした地いき①
地いきの伝統的な産業

（　　　）にあてはまる言葉を、右の□に書きましょう。

◉ 昔から受けつがれてきた（　①　）をもった職人によって、その地いきの材料を用いて、主に手づくりで行われる産業を（　②　）的な産業という。

◉ 愛知県瀬戸市は、100年以上前から瀬戸焼という伝統的（　③　）の生産がさかんである。

◉ 瀬戸市は、焼き物の（　④　）となる良質なねん土と、焼き物を焼くときの（　⑤　）となる松の木がとれやすく、古くから焼き物がつくられてきた。

◉ 焼き物づくりの職人として一人前になるには、長い経験と昔から受けつがれてきた（①）が必要である。職人のなかでも、とくにすぐれた（①）をもつと国にみとめられた人は、人間（　⑥　）とよばれる。

◉ 瀬戸市では、博物館で瀬戸焼の長く続いてきた（　⑦　）やつくり方を伝えたり、（　⑧　）という回転台を使って焼き物をかたちづくる体験ができたりと、多くの人に瀬戸焼のみりょくを発信している。

①
②
③
④
⑤
⑥
⑦
⑧

伝統的な産業は、伝統を守りながら、
時代や生活に合わせて変化することで
人びとに長く愛されてきたよ。

ステップ2

時間 15分　合かく 80点　/100

月　日

答え 71ページ

特色を生かした地いき①
地いきの伝統的な産業

① 次の文中の①〜⑥にあてはまる言葉を、あとの　　からそれぞれ選び
ましょう。　　　　　　　　　　　　　　　　　　　　60点（1つ10点）

〈瀬戸焼づくりの職人の話〉

　瀬戸焼は原料となる（①　　　　　　）を（②　　　　　　）で焼いてつく
ります。「土ねり3年、ろくろ10年」といわれるほど長い（③　　　　　　）
とぎじゅつが必要です。近年は（④　　　　　　）となるわかい職人がへって
いて、伝統がとぎれてしまわないか心配です。時代に合わせた新しい
（⑤　　　　　　）の瀬戸焼を生み出すなど、多くの人に親しんでもらう方法
を考え、瀬戸焼のみりょくを発信し、伝統を次の（⑥　　　　　　）に受けつ
いでいきたいです。

かま　　後つぎ　　世代　　経験　　かたち　　ねん土

② 次の問いに答えましょう。　　　　　　　　　　　　　40点（1つ10点）

(1) 次の㋐〜㋒のうち、伝統的な産業にあてはまるものを、1つ選びま
しょう。　　　　　　　　　　　　　　　　　　　　（　　　　）

(2) 伝統的な産業を受けつぎ、さかんにするための取り組みとして、正し
いものには〇を、まちがっているものには×をつけましょう。

①（　　　）伝統的な産業を体験できるイベントをする。

②（　　　）インターネットを活用したはん売をおこなう。

③（　　　）新しいことはせず、伝統を守ることだけを大切にする。

ポイント 伝統的な産業を次の時代まで残していくために、多くの人に伝統的な産業による工芸品を
使ってもらうことと、わかい人にぎじゅつを受けついでもらうことが必要です。

きほんの
ドリル
27。
ステップ①
時間 15分
問 / 8問中
月　　日

サクッと
こたえ
あわせ
答え 71ページ

特色を生かした地いき②
外国の人々とくらす地いき

（　　）にあてはまる言葉や数字を、右の□に書きましょう。

◉ 外国と親しくつき合い、おたがいの文化にふれ合う
活動を（　①　）という。

①

◉ 神奈川県横浜市には多くの外
国の人が住んでおり、グラフ
をみると、2000年はおよそ
（　②　）万人をこえるくらい
だったが、2022年にはおよ
そ（　③　）万人をこえ、その
数は年々（　④　）いる。

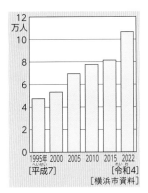

↑ 横浜市の外国人住民
数の変化

②

③

④

◉ 下のグラフをみると、横浜市
に住む外国の人で、もっとも
多い国は、（　⑤　）である。

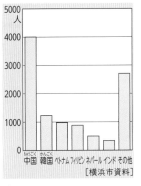

↑ 横浜市の外国人住民
数の国別人数

⑤

◉ 学問や文化を学ぶために外国
から日本に来ている学生を
（　⑥　）といい、学んだこと
を母国に帰って生かす人のほ
か、そのまま日本で働く人も
いる。

⑥

⑦

⑧

◉ 横浜市は世界の多くの都市と姉妹・（　⑦　）都市の関係を結び、その国を
あらわす旗である（　⑧　）や
文化を尊重し合い、教育やス
ポーツなどを通して理解を深
め合っている。

さまざまな文化をもつ外国の人たちと
文化のちがいをみとめ合い、尊重する
社会を多文化共生社会というよ。

きほんの
ドリル
27。
ステップ②
時間 15分
合かく 80点
／100
月　　日

特色を生かした地いき②
外国の人々とくらす地いき

1 地図を見て、文中の①～④にあてはまる言葉を、㋐～㋖からそれぞれ選びましょう。

40点（1つ10点）

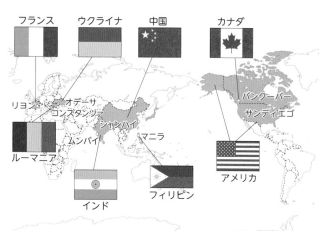

フランス　ウクライナ　中国　カナダ

リヨン　オデーサ　バンクーバー
コンスタンツァ　サンディエゴ
シャンハイ
ムンバイ　マニラ
ルーマニア
アメリカ
インド　フィリピン

（①　　　　　　　）・友好都市とは、（②　　　　　　　）や文化がにていることなどから、親しくつき合う約束を結んだ都市のことである。横浜市は（③　　　　　　　）つの都市と（④　　　　　　　）や芸じゅつなどの交流をおこなっている。

↑横浜市が交流をおこなっている国や都市

㋐スポーツ　　㋑8　　㋒9　　㋓姉妹　　㋔母国　　㋕歴史

2 次の問いに答えましょう。

60点（1つ10点）

(1) 外国と親しくつき合い、芸じゅつや教育を通して理解を深め合う活動を何といいますか。　　　　　　　　　（　　　　　　　　　）

(2) 外国の人と共にくらすとき、何のちがいをみとめ合うことがたいせつですか。次から1つ選びましょう。　　　　（　　　　　　　　　）

　　㋐　言葉　　㋑　住む場所　　㋒　文化

(3) 次の文のうち、正しいものには〇を、まちがっているものには×をつけましょう。

　①（　　　）市役所には、外国の人が相談できる場所がある。

　②（　　　）日本で学んだすべての留学生が、卒業後も日本で働く。

　③（　　　）外国人はちがう文化をもっているので、共にくらせない。

　④（　　　）国旗は、その国の歴史や文化を表すものである。

ポイント　交通機関が発たつしたことで外国の人と交流することが当たり前になったげんざいでは、それぞれの国の文化を伝え合い、おたがいに理解をしめすことがたいせつです。

きほんの
ドリル
28

ステップ1

時間 15分

問／8問中

月　日

サクッと
こたえ
あわせ

答え 71ページ

特色を生かした地いき③
ゆたかな自然のある地いき

（　　）にあてはまる言葉を、右の□に書きましょう。

◉ 沖縄県は、日本のなかでもとくに気温が（　①　）く、あたたかい気候の地いきである。

◉ 沖縄県の海では美しい（　②　）礁がみられ、ゆたかな自然を楽しむ（　③　）客も多い。

◉ 近年、生活はい水が海に流れ出ることによる（　④　）おせんや、海岸ぞいの地いきの土地のリゾート（　⑤　）などにより②礁がへってきている。

◉ 地いきの人々は、③客に②礁のことを知ってもらうことや、海をきれいにすることを通して、自然を（　⑥　）取り組みを進めている。

◉ 沖縄県で生息する、きちょうな動植物は、国によって（　⑦　）記念物に指定されている。

◉ ⑦記念物であるイリオモテヤマネコ②が生息する西表島は、ユネスコの（　⑧　）に登録されている。

①
②
③
④
⑤
⑥
⑦
⑧

ゆたかな自然を残していくための取り組みもおこなわれているんだね。

きほんの
ドリル
28。
ステップ2
時間 15分
合かく 80点
/100
月 日

サクッと
こたえ
あわせ
答え 71ページ

特色を生かした地いき③
ゆたかな自然のある地いき

1 次の文中の①～⑦にあてはまる言葉を、 からそれぞれ選びましょう。

70点（1つ10点）

さとうの原料となる（①　　　　　　　　　）、マンゴーや（②　　　　　　　　　）と
いった果物など、沖縄県にはあたたかい気候を生かした（③　　　　　　　　　）が
数多くある。また、（④　　　　　　　　　）がみられるあたたかく美しい海や、
島々でみられる（⑤　　　　　　　　　）にも指定されているきちょうな動植物は、
重要な（⑥　　　　　　　　　）資源となっており、国や県による（⑦　　　　　　　　　）
活動が進められている。

パイナップル　　さんご礁　　ほご　　天然記念物
さとうきび　　特産物　　観光　　海水浴

2 次の問いに答えましょう。

30点（1つ10点）

(1) その土地どくじの自然や歴史などがつくってきた風景のことを何とい
いますか。　　　　　　　　　　　　　（　　　　　　　　　）

(2) 次の⑦～⊈の文のうち、正しいものを2つ選び、○をつけましょう。

⑦（　　）自然について知るため、野生生物ほごセンターに毎月1度は
通わなければいけない。

⑦（　　）さんご礁を守るため、赤土などの水をにごらせるものを海に
流してはいけない。

⑦（　　）ゆたかな自然を守るため、きちょうな動植物を許可なく持ち
帰ってはいけない。

⊈（　　）観光をさかんにするため、観光客がどのような場所にも立ち
入れるようにしなければいけない。

ポイント　それぞれの地いきで、その土地の自然環境を生かした特産物や観光資源がみられます。また、
多くの地いきで、自然や文化を守り続けていく取り組みが進められています。

きほんの
ドリル
29。

ステップ1
時間 15分
問／8問中
月　　日
サクッと
こたえ
あわせ
答え 72ページ

特色を生かした地いき④
歴史あるまちなみをもつ地いき

（　　）にあてはまる言葉を、右の□□に書きましょう。

⦿ 京都府はかつて日本の
（　①　）としてさかえてい
た。

⦿ 身分の高い人の墓とされる古墳や城、古くから続いている寺や神社などの（　②　）が数多く残っている。

⦿ 京都府京都市は、日本の歴史や古い（　③　）文化を感じられるまちなみとなっている。

⦿ 美しいまちなみを守るために、京都府では「景観（　④　）」が定められている。

⦿ （④）とは、その地いきでどくじに定められるルールやきまりのことであり、京都府では、建物の（　⑤　）や店のかん板の色をせいげんすることで、歴史的な建物や自然がかくれないようにしている。

⦿ （　⑥　）客の多い京都府の（⑥）ガイドは、地いきに長く住んでいる人たちが、すすんで（　⑦　）でおこなうことが多い。

⦿ 日本だけではなく、海外から日本の文化にきょうみをもった（　⑧　）の人も多くおとずれる。

①
②
③
④
⑤
⑥
⑦
⑧

古いまちなみをまもるために、決まりをつくってみんなが協力しているんだね。

きほんの
ドリル
29.
ステップ2

特色を生かした地いき④
歴史あるまちなみをもつ地いき

時間 15分　合かく 80点　／100

月　日

サクッと
こたえ
あわせ
答え 72ページ

1 次の問いに答えましょう。　　30点（(1)12点、(2)1つ6点）

(1)　その地いきでどくじに定められるルールのことを何といいますか。

（　　　　　　　　　　　）

(2)　次の⑦～⑦のうち、史せきとして正しいものには〇を、まちがっているものには×をつけましょう。

⑦

写真提供：清水寺

（　　　）清水寺

⑦

（　　　）鴨川

⑦

（　　　）京都タワー

2 次の文中の①～⑦にあてはまる言葉を、　　からそれぞれ選びましょう。

70点（1つ10点）

京都府では、歴史あるまちなみを（①　　　　　　　）するために、高い建物や色あざやかなかん板を（②　　　　　　　）して、古い（③　　　　　　　）を守っている。また、地いきに住む人がガイドを（④　　　　　　　）でおこない、（⑤　　　　　　　）客に京都のみりょくを伝えたり、海外からおとずれる多くの（⑥　　　　　　　）人に向けて、さまざまな言語で書かれた（⑦　　　　　　　）なども用意したりしている。

ボランティア　　美しい　　ほぞん　　外国
パンフレット　　観光　　せいげん　　景観

ポイント 史せきとは歴史的に重要なできごとがあった建物や場所をあらわしています。具体的には、古墳や城、寺、神社などです。史せきは地いきのたいせつな観光資源にもなります。

特色を生かした地いき①〜④

1 次の問いに答えましょう。　　　　　　　　　　　　　25点（1つ5点）

(1) 昔から受けつがれてきたぎじゅつや材料を用いて、主に手作業でつくられる産業のことを何といいますか。　　　　　　（　　　　　　　）

(2) (1)の職人として、すぐれたぎじゅつをもつと国にみとめられた人を何といいますか。　　　　　　　　　　　　　　　　（　　　　　　　）

(3) 次の①〜③の文を読み、愛知県瀬戸市の焼き物についての説明として正しいものには〇を、まちがっているものには×をつけましょう。

①（　　）瀬戸焼の歴史は1000年以上ともいわれており、長い間、同じかたちのものだけがつくり続けられてきた。

②（　　）瀬戸市では質の良いねん土と、燃料となる松の木がよくとれたため、焼き物づくりがさかんになった。

③（　　）瀬戸焼づくりの後けい者は数多く、わかい作家を中心に、つくり手の人口がどんどんふえていっている。

2 次の①〜⑤の言葉と、⑦〜⑨の説明の組み合わせが正しくなるように、線で結びましょう。　　　　　　　　　　　　　25点（1つ5点）

①国際交流　　　　　●　　　　●⑦日本の大学などに学びにきている学生

②留学生　　　　　　●　　　　●⑦さまざまな面での交流や、おたがいに理解し合う約束を結んでいる都市

③国旗　　　　　　　●　　　　●⑦さまざまな文化をもつ人がたがいを尊重しながらいっしょにくらすこと

④姉妹・友好都市　　●　　　　●⑦その国をあらわすしるしとなる旗

⑤多文化共生　　　　●　　　　●⑦外国の文化に親しみ、ふれ合う活動

↓うらのページに続くよ！

3 次の写真を見て、文中の①～⑥にあてはまる言葉を、あとの□□から
それぞれ選びましょう。　　　　　　　　　　　　　30点（1つ5点）

沖縄県には、（①　　　　　　　　　）に指定さ
れた、沖縄県（②　　　　　　　　）のきちょう
な動植物が数多く生息し、（③　　　　　　　　）
ほごセンターでは、情報を発信したりして動
植物を守る活動をおこなっている。

沖縄県では、（④　　　　　　　　）資源にも
なる美しい（⑤　　　　　　　　）を守るために、
海岸ぞいの土地を（⑥　　　　　　　　）しない
ようにほごしたり、下水道を整備したりして
いる。

固有　　　野生生物　　　観光　　　さんご礁　　　開発　　　天然記念物

4 次の問いに答えましょう。　　　　　　　　　　　　20点（1つ5点）

(1)　次の①～③の願いについて、京都府や、京都に住む人々がおこなって
いる取り組みを、㋐～㋒から選んでそれぞれ答えましょう。

①外国人観光客に多くの観光地を知ってもらい、観光をたのしんでほしい
　　　　　　　　　　　　　　　　　　　　　　　　　（　　　　　　）

②京都の古いまちなみを美しいまま残したい　　　　（　　　　　　）

③観光客に京都のみりょくに直接ふれて楽しんでもらいたい
　　　　　　　　　　　　　　　　　　　　　　　　　（　　　　　　）

　㋐　京都に住む人々がボランティアガイドをおこなっている。

　㋑　建物の高さやかん板の色をせいげんするきまりがある。

　㋒　いくつもの言語で書かれた観光パンフレットが用意されている。

(2)　(1)②に関して、その地いきでどくじに定められるルールやきまりを何
といいますか。

　　　　　　　　　　　　　　　　　　　　　　　　　（　　　　　　　）

学年末の
ホームテスト

31。

わたしたちの県
健康なくらしを守る
自然災害から人々を守る

時間 20分　合かく 80点 ／100

月　日

サクッと
こたえ
あわせ

答え 72ページ

⭐ 次の問いに答えましょう。　　　30点（(1)①〜③完答1つ5点、(2)1つ5点）

(1) 次の①〜③の県名、地方名、県庁所在地を、それぞれ㋐〜㋓から選びましょう。

① 　② 　③

県　　　　名：㋐島根県　　㋑山梨県　　㋒群馬県　　㋓岩手県
地　方　名：㋐東北地方　㋑関東地方　㋒中部地方　㋓中国・四国地方
県庁所在地：㋐甲府市　　㋑前橋市　　㋒松江市　　㋓盛岡市

　　　　県名：①（　　　）　②（　　　）　③（　　　）
　　地方名：①（　　　）　②（　　　）　③（　　　）
　県庁所在地：①（　　　）　②（　　　）　③（　　　）

(2) 都道府県の土地利用や産業、交通について、正しいものには〇を、まちがっているものには×をつけましょう。

①（　　　）高速道路や鉄道などの交通機関が集まっている地いきは、人口が多くなるけいこうにある。

②（　　　）森林の多い山地は、土地の低い所に広がることが多い。

③（　　　）海ぞいの地いきでは水産業、森林が広がる地いきでは林業など、土地の特色に合わせた産業がおこなわれている。

⭐ 次の問いに答えましょう。　　　　　　　　　　35点（1つ5点）

(1) 川から水を取り入れ、きれいな飲み水にするしせつを何といいますか。
　　　　　　　　　　　　　　　　　　　（　　　　　　　）

(2) 森林は、雨を地下水としてたくわえるやくわりをもつことから、何とよばれますか。
　　　　　　　　　　　　　　　　　　　（　　　　　　　）

↓うらのページに続くよ！　　61

(3) 次の①～④のうち、「４Ｒ」にふくまれる言葉として正しいものを、
　　１つ選びましょう。　　　　　　　　　　　　　　　　　（　　　　　）

　　①リバース：もどす　　　　②リターン：返す

　　③リフューズ：ことわる　　④リボーン：生まれ変わる

(4) かんきょうを守るための取り組みや課題について、正しいものには○
　　を、まちがっているものには×をつけましょう。

　　①（　　　　）しょぶん場（うめ立て場）の容量にはげんかいがあるため、
　　　　　　　　　ごみをへらしていかなければならない。

　　②（　　　　）日本の発電方法の中心となっている原子力発電は、多くの二
　　　　　　　　　酸化炭素を出すため、地球温暖化を進めてしまう。

　　③（　　　　）生活はい水などをリサイクルプラザでしょりすることで、ま
　　　　　　　　　ちの花だんへの水やりなどに再利用している。

(5) 次の絵をみて、文中の（　）にあてはまる言葉を書きましょう。

> これは、天然ガスを液体にした
> （　　　　　　　　　）を運んでいるところである。

　　都市ガス　　　ＬＮＧ　　　ＬＰガス

⭐**3**　次の文中の①～⑦にあてはまる言葉を、⑦～⑨からそれぞれ選びましょう。

35点（1つ5点）

> 　大雨によって川がはんらんする（①　　　　　）や、地震のえいきょうで海から
> 波がおしよせる（②　　　　　）など、自然災害が起きたときには、消ぼうしょや
> けいさつしょのほか、国のれんらくを受けて（③　　　　　）などが救助活動をお
> こなう。これを（④　　　　　）という。また、災害時には近所や地いきの人々と
> 助け合う（⑤　　　　　）、自分の命や家族を守る（⑥　　　　　）の意しきも必要で
> ある。ひなん場所を（⑦　　　　　）でかくにんしたり、食料や生活用品などの非
> 常持ち出し品を用意したり、日ごろから災害にそなえる取り組みが必要である。

　　⑦　公助　　　⑦　ハザードマップ　　　⑨　自衛隊　　　⑤　共助

　　⑨　こう水　　⑨　自助　　　　　　　　⑨　津波　　　　⑨　気象庁

きょう土に受けつがれるもの
特色を生かした地いき

1 次の文中の①～⑥にあてはまる言葉を、⑦～カから選びましょう。

30点（1つ5点）

国や県、市などがほぞんすることを決めた建物などを（①　　　　）といい、（①）のなかには、世界にその価値をみとめられた（②　　　　）もある。また、古くから地いきに受けつがれてきた伝統的なおどりや舞を、きょう土（③　　　　）といい、毎年同じ時期におこなう行事である（④　　　　）行事などのなかで演じられる。（①）やきょう土（③）は地いきのきちょうな（⑤　　　　）資源となるが、人びとに価値を伝えたり、伝統を受けつぐ（⑥　　　　）をふやしたりと、ほぞんのためにはさまざまな取り組みが必要となる。

⑦　世界遺産　　⑦　後つぎ　　⑦　年中
エ　文化財　　オ　芸のう　　カ　観光

2 次の問いに答えましょう。

25点（1つ5点）

(1)　次の①～③の説明にあてはまる言葉を、　　から選びましょう。

①水源から水を引くためにつくられた水路。　（　　　　　　）

②水路や道路を通すためにつくられるトンネル。（　　　　　　）

③農業や工業、飲み水などに使う水。　　　　（　　　　　　）

用水　　ずい道　　たて坑　　疏水

(2)　教育や医りょう、産業や文化について、正しいものには〇を、まちがっているものには×をつけましょう。

①（　　　）人々の食料不足を解消するためにつくられ始めた作物が、地いきの特産品になったり、受けつがれてきた文化が観光資源として地いきのくらしをささえたりすることがある。

②（　　　）教育や医りょう、産業などが発てんしても、人々のくらしは発てんする前とあまり変わらない。

↓うらのページに続くよ！

3 次の①～③の正しい説明を、⑦～⑨からそれぞれ選びましょう。

15点（1つ5点）

①特産物（　　　　　）　　　②史せき（　　　　　）

③条例　（　　　　　）

⑦　歴史的に重要なできごとがあった建物や場所。

⑦　その地いきでどくじに定められるルールやきまり。

⑦　その地いきの特色を生かしてつくられる農作物や製品。

⑦　昔から受けつがれてきたぎじゅつや材料を用いて、主に手作業でつくられる産業。

4 次の地図を見て、あとの問いに答えましょう。

30点（1つ5点）

(1) 福岡市から最も近い都市を1つ選び、○をつけましょう。

（　　　）ペキン

（　　　）プサン

（　　　）マニラ

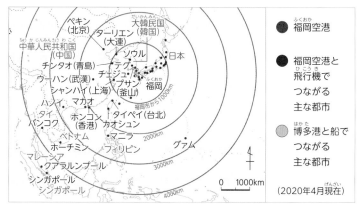

(2) 福岡市からホンコンまでのおよそのきょりは何kmですか。

およそ（　　　　　　）km

(3) 福岡市は、アジアの国々など、外国との行き来や外国の人とふれ合う活動を積極的におこなっています。こうした交流を何といいますか。

（　　　　　　　　　　）

(4) 次の①～③は、どこの国の国旗ですか。⑦～⑨からそれぞれ選びましょう。

①（　　　　　）　　　②（　　　　　）　　　③（　　　　　）

⑦　大韓民国　　　⑦　フィリピン　　　⑦　中華人民共和国

●ドリルやテストが終わったら、うしろの
「がんばり表」にシールをはりましょう。
●まちがったら、かならずやり直しましょう。
「考え方」もよみ直しましょう。

おうちの方へ この単元では、都道府県の様子について、都道府県の位置や地方区分、地形、土地利用、産業、交通網などを通して学びます。

1. わたしたちの県①　1~2ページ

ステップ1
①47　②東北　③中部　④近畿
⑤九州　⑥京都　⑦北海道　⑧香川
⑨沖縄　⑩工芸品

ステップ2
❶ (1)①○　②×
　　(2)①6　②3　③5
❷ (1)①県：エ　県庁所在地：ウ
　　　②県：ア　県庁所在地：イ
　　(2)①佐賀県　②福井県　③滋賀県

考え方 ❶ (2)名前に「山」がつくのは山形県、山梨県、富山県、和歌山県、岡山県、山口県、「川」がつくのは神奈川県、石川県、香川県、「島」がつくのは福島県、広島県、徳島県、島根県、鹿児島県です。

2. わたしたちの県②　3~4ページ

ステップ1
①札幌　②山形　③盛岡　④仙台
⑤千葉　⑥水戸　⑦栃木　⑧山梨
⑨名古屋　⑩石川

ステップ2
❶ (1)①ウ　②ア　③イ
　　(2)①長野　②8
❷ (1)オ・キ・ク・コ（順不同）
　　(2)①栃木県　②青森県　③山梨県

考え方 ❷ (1)茨城県、群馬県、東京都、埼玉県は関東地方、秋田県、福島県は東北地

方の都道府県です。
(2)③ぶどうの生産量は山梨県が全国1位、となりの長野県が全国2位となっています。

3. わたしたちの県③　5~6ページ

ステップ1
①三重　②大津　③神戸　④琵琶湖
⑤島根　⑥松山　⑦香川　⑧8
⑨長崎　⑩那覇

ステップ2
❶ (1)ア・エ・カ・ケ（順不同）
　　(2)①香川県　②和歌山県　③岡山県
❷ ①徳島県　②三重県　③鳥取県
　　④鹿児島県　⑤兵庫県

考え方 ❷ ①「四国地方の県」とあるので、徳島県とわかります。②伊勢えびやしんじゅなどの特色をもつのは三重県です。「近畿地方の県」は三重県と兵庫県の2つがあるので、三重県とはんだんするのがむずかしい場合は、先に⑤を考えてみましょう。③「中国地方の県」とあるので、鳥取県とわかります。④「九州地方」とあるので、鹿児島県とわかります。⑤「日本海と瀬戸内海の2つに面している近畿地方の県」とあるので、兵庫県とわかります。

4. わたしたちの県④　7~8ページ

ステップ1
①地形　②山地　③平野　④等高線
⑤10　⑥急　⑦ゆるやか　⑧土地利用
⑨森林

ステップ2
❶ (1)①ゆるやか　②急
　　(2)ウ　(3)エ
❷ (1)イ　(2)①×　②○　③×

65

考え方 **1** (1)等高線のかんかくが①は広く、②はせまいです。
(2)山ちょうは、400mの等高線より上です。
(3)高くなっているところが2つあり、右の山ちょうのほうが高いです。

5. わたしたちの県⑤
9~10ページ

ステップ1
①(都道府)県庁所在地　②人　③自動車
④高速　⑤鉄道　⑥都市　⑦空港
⑧港

ステップ2
1 (1)①イ・新かん線　②エ・港
　　③ア・空港　④ウ・高速道路
　(2)仙台市
　(3)ア○　イ×　ウ×　エ○　オ×

考え方 **1** (1)宮城県を南北に走っている④は、高速道路です。
(2)宮城県の県庁所在地は仙台市で、県名と県庁所在地名がことなります。
(3)ウ空港や港から、人やものは外国に運ばれます。アオ鉄道や道路は、人口が多い都市に集まっていて、すべての市町村で同じように発達していることはありません。

6. わたしたちの県⑥
11~12ページ

ステップ1
①農　②水産(漁)　③林　④工
⑤平野　⑥米　⑦海　⑧船　⑨鉄鋼

ステップ2
1 (1)産業
　(2)①地形　②気候　③広く　④交通
2 (1)①平野　②4　③水産業
　　④玄界灘
　(2)南

考え方 **2** (1)①地図を見ると、筑紫平野と書かれているところに、農産物が多いです。
②③④福岡県は、周防灘、響灘、玄界灘、有明海の4つの海に囲まれていて、海産物が多くとれます。

7. まとめのドリル
13~14ページ

1 ①長崎県　②愛媛県　③岐阜県
　④茨城県　⑤北海道
2 ①×　②○　③○　④×　⑤×
3 (1)①市町村　②県庁所在地
　(2)③・④(順不同)
4 ①オ　②ウ　③ア　④エ　⑤カ
　⑥イ

考え方 **2** ①南西に向かって、標高が低くなっています。④畑や果樹園は山のしゃ面につくられています。⑤田の地図記号がある所をかくにんしましょう。
3 (2)①空港は2つですが、港は3つあります。②となりの県へは、新かん線のほかに高速道路、鉄道などでも移動できます。
4 ③「木材」がとれるということから、林業がさかんであるとわかります。④古くからの材料や方法を用いて、その地いきでつくられてきた工業製品を、伝統的工芸品といいます。

おうちの方へ この単元では、生活で使用する水、電気、ガスがどのようにして送られてきているのか、また、家庭で捨てた後のごみ処理の方法について学びます。

8. 健康なくらしを守る①
15~16ページ

ステップ1
①しげん　②1　③立方　④ダム
⑤じょう水場　⑥ちんでん池　⑦ろか池
⑧じょう水池　⑨水質

ステップ2
1 (1)8000　(2)ふえて
2 (1)①オ　②エ　③ア　④ウ
　(2)①○　②×　③×　④○

考え方 **1** (2)水道使用量の変化と人口の変化を見ると、1960年から2020年にかけて、ともにふえていることがわかります。

2 (1)じょう水場では、あらいごみや砂をしずめてから、薬品でよごれの固まりをしずめ、砂のそうを通してよごれを取りのぞきます。そして、きれいな水にします。
(2)②じょう水場では、川の水を取り入れますが、川の水の量は調節できません。③水道管のけんさや修理をおこなうのは水道局のしごとです。④中央管理（そうさ）室は24時間体制です。

9. 健康なくらしを守る② _{17~18ページ}

ステップ1
①水力　②水源　③雨　④地下水
⑤ダム　⑥下水しょり　⑦海　⑧雲

ステップ2
1 (1)①×　②○　③×　④○
(2)①イ　②ウ　③ア
2 ①水じょう気　②じょう水場
③じゅんかん

考え方 **1** (1)①森林は水をきれいにすることはできますが、飲み水にできるほど安全な水とはいえません。③川の水の量を調節するのは森林ではなくダムです。
(2)③資源とは、さまざまなものを生み出す源になり、生活や産業をささえるもののことです。

10. 健康なくらしを守る③ _{19~20ページ}

ステップ1
①発電所　②変電所　③火力
④二酸化炭素　⑤原子力　⑥再生可能
⑦都市ガス　⑧LPガス　⑨におい
⑩LNG

ステップ2
1 (1)①ウ　②イ　③ア
(2)①エ　②ア　③ウ
2 ①イ　②ア　③ア　④イ

考え方 **1** (1)③原子力発電は発電のこうりつがよいとされますが、事故が起きると、しょりに長い年月をかけなければならず、あつかいには注意が必要な発電方法です。

11. 健康なくらしを守る④ _{21~22ページ}

ステップ1
①分別　②しゅう集　③せいそう
④しょうきゃくろ　⑤発電
⑥中央せいぎょ（中央そうさ）
⑦もえない　⑧しょぶん場（うめ立て場）

ステップ2
1 (1)分別　(2)1
(3)①火・金（完答）　②木
2 ①エ　②ア　③イ　④ウ
3 (1)中央せいぎょ室（中央そうさ室）
(2)しょぶん場（うめ立て場）

考え方 **1** (2)もえないごみは、カレンダーでは黄色の26日の1日だけです。
(3)①②台所のごみはもえるごみ、新聞紙は古紙に分別します。
2 ①は計量機、②はしょうきゃくろ、③はボイラー、④ははいガスしょりそうちです。えんとつからは、灰や害のあるものを取りのぞいたきれいな空気を出します。
3 ②しょりできないごみとは、もやした後の灰のことです。

12. 健康なくらしを守る⑤ _{23~24ページ}

ステップ1
①リサイクル　②しゅう集
③リサイクルマーク　④灰
⑤しょぶん場　⑥リデュース　⑦リユース
⑧4

ステップ2
1 (1)①・②・⑤（順不同）
(2)①ウ　②イ　③ア
2 ①リフューズ　②リデュース
3 ①○　②×　③×

67

考え方 ① (1)資源ごみとは、再び資源として リサイクルすることができるもののこと をいいます。ダンボールは紙、ペットボト ルはペットボトルや衣服、古いタオルは衣 類や工業用のぞうきんになります。

② リユースは一度使ったものをくり返し使 うこと、リサイクルは資源として再び使う ことです。

③ ②ごみの分別は自分たちでおこないます。 ③買い物にはマイバッグを使いましょう。

考え方 ① (2)ふった雨をたくわえ、水害な どをふせぐはたらきをしています。

② ①ダムがあるので水力発電所、③原子ろ があるので原子力発電所とわかります。

③ (1)①ダンボールは資源ごみです。③かさ はもえないごみです。
(3)①もえるごみはせいそう工場、資源ごみ はリサイクルプラザに運ばれます。
(4)⑦はリフューズ、⑦はリユース、⑤はリ サイクルです。

---

13. 健康なくらしを守る⑥   25~26 ページ

ステップ1

①汚水   ②下水道
③下水しょり場（水再生センター）
④ちんさ池   ⑤反のうそう   ⑥再生水
⑦トイレ   ⑧生ごみ

ステップ2

① (1)①下水   ②トイレ   ③しん水
(2)③→①→②→④
(3)①×   ②○   ③○   ④×   ⑤○

考え方 ① (1)家庭や工場で使われた水は雨 水と合わせて下水道管を流れる下水となり ます。
(2)下水は、ポンプ所→ちんさ池→第一ちん でん池→反のうそう→第二ちんでん池→高 度しょりしせつの順でしせつを通り、海や 川に放流されます。
(3)再生水は下水にくらべてきれいになって いますが、目や口に入るときけんです。

---

14. まとめのドリル   27~28 ページ

① (1)①川   ②じょう水場   ③配水池
④ポンプ室
(2)緑のダム   (3)⑦
② ①⑦・⑰   ②⑦・⑰   ③⑰・⑤
③ (1)②   (2)リサイクル
(3)②・③   (4)⑦
④ ①⑦   ②⑦   ③⑰

---

15. 夏休みのホームテスト   29~30 ページ

⭐ (1)①43   ②東京   ③京都
(2)①あ東北   ⑩関東   ⑤近畿
⑦九州   (3)⑰
⭐ (1)平野   (2)⑦
⭐ ①⑦   ②⑰   ③⑰   ④⑤
⭐ (1)⑦今   ⑦いる
(2)①リサイクル   ②リユース
③へらす   ④リフューズ

考え方 ⭐ (3)⑰山形県は東北地方です。
⭐ (1)0~100mの色で表されているひくい 土地は、仙台平野です。
(2)川は、土地が高いところからひくいと ころへ流れます。
⭐ ①水をきれいにするしせつは、じょう水 場です。③地球上の水は、じょう発して雲 になり、雨としてふたたび地上にふるので、 ぐるぐるとじゅんかんしています。
⭐ (1)今の品物の多くは、ごみとなるビニー ルなどでおおわれています。

おうちの方へ この単元では、自然災害の種 類を知り、災害から人々を守る活動について 理解を深めます。

---

16. 自然災害から人々を守る①   31~32 ページ

ステップ1

①自然災害   ②風水害   ③自衛隊
④ていぼう   ⑤公助   ⑥自助
⑦ハザードマップ   ⑧ひなん

1 (1)ア・ウ・オ（順不同）
(2)①大雨　　②自衛隊
(3)①ア　　②ウ　　③エ　　④イ
(4)①エ　　②イ　　③ウ

考え方 **1** (1)イの交通事故やエの火事は人
が起こす人災とよばれるものです。
(2)台風は、大雨や強風をもたらします。自
衛隊は、ひ害が大きいとき、県の求めに応
じて人の救助などをおこないます。
(4)①電気がとまったときに、電池式のラジ
オで情報を得ます。③ヘルメットは、ガラ
スのはへんや落石などから頭を守ります。

---

17. **自然災害から人々を守る②** 33〜34ページ

ステップ1
①地震　　②津波　　③ていぼう　　④防災
⑤情報　　⑥自衛隊　　⑦非常（防災）
⑧ハザードマップ

ステップ2
1 (1)①自衛隊、けいさつしょ、消防しょ
（順不同）
②気象台（気象庁）　③う・ウ　え・イ
(2)イ・エ（順不同）

考え方 **1** (1)①あは、災害が起こったとき
に人を救助するやくわりをしめしています。
市役所は、救助に必要な情報を集めたり、
助けを県やほかの市に求めたりするやくわ
り、地震防災センターは地震のこわさを人
びとに伝えるやくわりなどです。
(2)津波ひなんビルは、津波ひなんタワーと
もよばれる、津波が発生したときにすぐに
高いところににげられるようにつくられた
建物です。

---

18. **自然災害から人々を守る③** 35〜36ページ

ステップ1
①ふん火　　②鹿児島　　③気象台
④ひなん　　⑤防災　　⑥雪害　　⑦除雪
⑧熱

---

1 ①交通事故　　②作物　　③目や鼻
④雨　　⑤建物　　⑥ヘルメット
2 ①エ　　②ア　　③イ　　④ウ

考え方 **1** 火山がふん火すると、何日間も
火山灰に町がおおわれてしまうため、日当
たりが悪くなり、灰をかぶった農作物は育
たなくなります。また、火山灰を人が吸い
こむと病気になることもあるので、マスク
などで灰を吸いこまないようにすることも
たいせつです。
2 ①道路のなかに電熱線などをうめたり、
道路から温水が出るようにしたりして、積
もった雪をとかします。③除雪車が道路の
雪を除雪しているようすです。

---

19. **まとめのドリル** 37〜38ページ

1 (1)①イ　　②ウ　　③エ　　④ア
(2)ていぼう
2 ①イ　　②ア　　③ウ　　④ア　　⑤イ
3 (1)①×　　②○　　③○　　④×　　⑤○
(2)ハザードマップ
4 ①エ　　②ウ　　③ア　　④イ

考え方 **1** (1)①大雨がふって、山のしゃ面
がくずれていることがわかります。③ビル
や家がたおれ、くずれていることから地震
だとわかります。
(2)川や海のえん岸にコンクリートなどで高
いかべをきずき、川のはんらんや津波など
をふせぎます。
2 公助は都道府県や市町村などがおこなう
支援のこと、共助は地いきに住む人びと
うしが助け合うこと、自助は自分や家庭で
できる対さくのことです。
3 ①地震が起きたら、ゆれているときは危
険なので、頭を保護して、固いものの下な
どにひなんしましょう。④津波がおしよせ
ているという情報を聞いたときは、すぐに
高台などへひなんしましょう。

20. きょう土に受けつがれるもの①
39~40ページ

ステップ1

①文化財　②世界遺産　③観光
④ほぞん　⑤伝統　⑥年中　⑦芸のう
⑧後つぎ（後けい者）

ステップ2

❶ ①○　②×　③×　④○　⑤○
❷ ①イ　②オ　③ウ　④ア　⑤エ

考え方 ❶ ②世界遺産に登録されているのは富岡製糸場です。③生糸づくりは昔から行われていました。

❷ きょう土芸のうは、かつてその地いきにくらしていた人びとが思いや願いをこめて始めたものです。年中行事は、一定の時期に毎年行っている行事のことをさします。たとえばお正月やひなまつり、おぼんなどがあります。

21. きょう土に受けつがれるもの②
41~42ページ

ステップ1

①用水　②産業　③滋賀　④船
⑤水力発電　⑥トンネル　⑦協力
⑧日本

ステップ2

❶ ①農業　②飲み水　③用水
❷ ①水力　②鉄道　③工業
④じょう水場　⑤農業　⑥船
⑦観光

考え方 ❷ 疏水とは、農作物に水をやったり、発電をしたりするために土地を切り開いてつくった水路のことをいいます。琵琶湖疏水は、福島県の安積疏水、栃木県の那須疏水と合わせて、日本三大疏水ともいわれます。

①疏水を使った発電なので水力発電です。
④飲み水をつくるのはじょう水場で、下水しょり場は使ったあとの水をきれいにする場所です。

22. きょう土に受けつがれるもの③
43~44ページ

ステップ1

①家　②教育　③資金（お金）
④こせい　⑤江戸　⑥医者　⑦じゅく
⑧学問

ステップ2

❶ (1)②・③（順不同）
(2)①道徳心　②こせい　③教育
❷ ①×　②○　③○　④○　⑤×

考え方 ❷ ①日本語の医学書をオランダ語にほんやくしたのではなく、オランダ語の医学書を日本語にほんやくしました。⑤杉田玄白は医者としてもひょうばんがよく、多くの人々を救ったといわれています。

23. きょう土に受けつがれるもの④
45~46ページ

ステップ1

①茨城　②特産物　③農業　④雨
⑤しゅう入（生活）　⑥むかし（民）　⑦文化
⑧観光

ステップ2

❶ (1)①弱く　②へった　③不安定だった
(2)ア・イ（順不同）
❷ (1)岩手県
(2)①○　②○　③×　④○

考え方 ❶ (1)いねのさいばいには多くの水が必要になるため、雨の少ない年はいねのしゅうかく量がへり、農家のしゅう入もへりました。

❷ (2)③岩手県の遠野市は、柳田國男がまとめた『遠野物語』などのむかし話や、ししおどり、神楽などの古くから伝わる伝統文化が知られていて、観光資源として活用されています。

24. きょう土に受けつがれるもの①～④

1 (1)①ウ　②エ　③イ　④ア

(2)①受けついで　②後つぎ（後けい者）

2 ①願い　②用水路　③ずい道

④日本遺産

3 ①イ　②ア　③ウ　④ア　⑤イ

4 (1)①イ　②ウ　③ア

(2)①ア　②ウ

考え方 1 (1)②世界遺産は世界に価値をみとめられたもので、④文化財は日本国内で価値をみとめられたものです。

3 山本比呂伎は、戦争で身よりをなくしてしまった子どもたちも学べる学校を設立した人物です。杉田玄白はオランダ語の医学書を日本語にほんやくしたり、じゅくで西洋医学を教えたりして、医学の発展をささえました。

25. 冬休みのホームテスト

1 (1)①エ　②ウ　③イ　④ア

(2)①公助　②自助

2 (1)①小型除雪機　②防波てい

③津波ひなんタワー

(2)イ・エ（順不同）

3 (1)①オ　②イ　③ウ　④ア

(2)文化財

4 ①ウ　②イ　③ア　④イ

考え方 1 (1)③高潮とにている津波は、台風ではなく、地震のえいきょうで海がゆれ、海水がおしよせるものです。

2 (2)ハザードマップでは、まちの住所はわかりますが、家の住所などの個人情報はわかりません。

26. 特色を生かした地いき①

ステップ1

①ぎじゅつ　②伝統　③工芸品

④原料　⑤燃料　⑥国宝　⑦歴史

⑧ろくろ

ステップ2

1 ①ねん土　②かま　③経験

④後つぎ　⑤かたち　⑥世代

2 (1)ウ

(2)①〇　②〇　③×

考え方 1 伝統的な産業では、ぎじゅつを受けついでいくわかい人が少なくなっているため、どのように次の世代につなげていくかが重要な課題になっています。

2 (2)③伝統的な産業を守り、受けついでいくためには、現在の生活などに合わせた新しいものをうみ出していくこともたいせつです。

27. 特色を生かした地いき②

ステップ1

①国際交流　②5　③10　④ふえて

⑤中国　⑥留学生　⑦友好　⑧国旗

ステップ2

1 ①エ　②カ　③イ　④ア

2 (1)国際交流　(2)ウ

(3)①〇　②×　③×　④〇

考え方 1 オ母国とは、その人が生まれ育った国のことです。

2 (3)②留学生のなかには、日本で学んだことを母国で生かす人もいます。③ちがう文化をもっていても、おたがいを尊重し、共にくらすことがたいせつです。

28. 特色を生かした地いき③

ステップ1

①高　②さんご　③観光　④水質

⑤開発　⑥守る（ほごする）　⑦天然

⑧世界（自然）遺産

ステップ2

1 ①さとうきび　②パイナップル

③特産物　④さんご礁　⑤天然記念物

⑥観光　⑦ほご

2 (1)景観　(2)イ・ウ

① ①②さとうきびもパイナップル
もあたたかい気候で生産される果物で、パ
イナップルの多くは沖縄県で生産されてい
ます。
② ⑦野生生物保護センターに通わなければ
ならないことはありません。⑤観光客の立
ち入りを禁止して、自然環境などをほごす
ることもひつようです。

29. 特色を生かした地いき④ 57~58ページ

ステップ1
①都　　②史せき　　③伝統　　④条例
⑤高さ　　⑥観光　　⑦ボランティア
⑧外国

ステップ2
① (1)条例　　(2)⑦○　　　⑥×　　　⑦×
② ①ほぞん　　②せいげん　　③景観
　　④ボランティア　　⑤観光　　⑥外国
　　⑦パンフレット

考え方 ① (2)史せきに指定されるものは、
人がつくりあげ、歴史的に重要なできごと
にかかわったものです。⑥鴨川のような自
然のものや⑦京都タワーのような近年つく
られたものは、史せきとはいいません。

30. まとめのドリル 59~60ページ

① (1)伝統的な産業　　(2)人間国宝
　　(3)①×　　②○　　③×
② ①⑦　　②⑦　　③⑤　　④⑥　　⑤⑦
③ ①天然記念物　　②固有　　③野生生物
　　④観光　　⑤さんご礁　　⑥開発
④ (1)①⑦　　②⑥　　③⑦
　　(2)条例

考え方 ① (3)①瀬戸焼が長い間伝えられて
きた理由の一つに、人びとの生活に合わせ
て変化してきたことがあげられます。③瀬
戸焼づくりの後つぎは少なくなっており、
わかいつくり手をふやしていく取り組みに
力を入れています。

④ (2)歴史あるまちなみをほぞんするため、
高い建物や、まちなみにそぐわないような
色あざやかなかん板を禁止する条例もあり
ます。

31. 学年末のホームテスト 61~62ページ

① (1)県名：①⑦　　②⑥　　③⑦
　　地方名：①⑤　　②⑦　　③⑥
　　県庁所在地：①⑦　　②⑦　　③⑥
　　(2)①○　　②×　　③○
② (1)じょう水場　　(2)緑のダム　　(3)③
　　(4)①○　　②×　　③×　　　(5)LNG
③ ①⑦　　②⑧　　③⑦　　④⑦　　⑤⑤
　　⑥⑦　　⑦⑥

考え方 ① (1)①は島根県、②は山梨県、③
は群馬県の形です。(2)②山地は土地の高さ
が高い所が多いです。
② (4)②原子力発電ではなく、火力発電の説
明です。③生活はい水をしょりするのは、
下水しょり場（水再生センター）です。

32. 学年末のホームテスト 63~64ページ

① ①⑤　　②⑦　　③⑦　　④⑦　　⑤⑦
　　⑥⑥
② (1)①疏水　　②ずい道　　③用水
　　(2)①○　　②×
③ ①⑦　　②⑦　　③⑥
④ (1)プサン　　(2)（およそ）2000（km）
　　(3)国際交流
　　(4)①⑥　　②⑦　　③⑦

考え方 ② (2)②教育や医りょう、産業など
が発てんしたことにより、人々のくらしは
よりよくなりました。
④ (1)(2)福岡市からのきょりを表した地図で
す。プサンは福岡市から1000km以内にあ
ります。ホンコンは福岡市から2000kmの
きょりにあります。

■写真提供
アフロ／清水寺／和歌山県／PIXTA
■イラスト：山田奈穂